www.ingramcontent.com/pod-product-compliance
Lightning Source LLC
LaVergne TN
LVHW010717061126
851857LV00014B/1223
* 9 7 8 9 3 6 9 0 8 0 8 3 0 *

کھویا کھویا چاند

فلمی نغمے

شیلیندر

انتخاب و ترتیب : اعجاز عبید

© Taemeer Publications LLC
Khoya Khoya Chand (Lyrical Poetry)
by: Shailendra
Edition: July '2026
Publisher :
Taemeer Publications LLC (Michigan, USA / Hyderabad, India)

ISBN 978-93-6908-083-0

کتاب	:	**کھویا کھویا چاند** (فلمی نغمے)
مصنف	:	**شیلیندر**
ترتیب / تہذیب	:	اعجاز عبید
صنف	:	شاعری
ناشر	:	تعمیر پبلی کیشنز (حیدرآباد، انڈیا)
سالِ اشاعت	:	۲۰۲۶ء
صفحات	:	۲۳۴
سرورق ڈیزائن	:	اعجاز عبید

Distributed globally through IngramSpark
Printed on demand by Ingram Content Group through
regional printing facilities depending on order destination.

فہرس

دو باتیں 7

فلم : پتیتا 9

فلم : اب دلی دور نہیں 16

فلم : آہ 20

فلم : زندگی 24

فلم : بسنت بہار 25

فلم : آوارہ 32

فلم : گائڈ 38

فلم : اناڑی 49

فلم : بوٹ پالش 54

فلم : جاگتے رہو.. 58

فلم : انداز (۱۹۷۱ء).. 64

فلم : انورادھا.. 67

فلم : چوری چوری 74

فلم : اپنے ہوئے پرائے 77

فلم : اراؤنڈ دا ورلڈ 81

فلم : بادل.. 84

فلم : بے گناہ 88

فلم : میری صورت تیری آنکھیں 91

فلم : بیٹی بیٹے.. 96

فلم : برہمچاری.. 98

فلم : بزدل 101

فلم : چھوٹے نواب.. 103

فلم : چھوٹی بہن.. 105

فلم : چھوٹی چھوٹی باتیں 108

فلم : داغ 110

فلم : دل اپنا اور پریت پرائی 113

فلم : دل تیرا دیوانا 117

فلم : دو بیگھا زمین 120

فلم : دور گگن کی چھاؤں میں 125

فلم : ایک گاؤں کی کہانی... 129

فلم : ہلاکو... 134

فلم : ہرے کانچ کی چوڑیاں 136

فلم : ہریالی اور راستہ 139

فلم : جب سے تمہیں دیکھا ہے 144

فلم : جس دیش میں گنگا بہتی ہے 146

فلم : کالا بازار.. 150

فلم : کنہیا 159

فلم : مدھومتی..161

فلم : میں نشے میں ہوں..176

فلم : معصوم..179

فلم : نوکری..182

فلم : پرکھ..185

فلم : پروفیسر..187

فلم : راج ہٹھ..189

فلم : سنگم..191

فلم : سیما..195

فلم : شری ۴۲۰..198

فلم : تیسری قسم..201

فلم : اجالا..203

فلم : اس نے کہا تھا..206

فلم : یہودی..210

فلم : عاشق 213

فلم : امانت 215

فلم : بندنی 217

فلم : انہونی 223

فلم : دل ایک مندر 226

دو باتیں

بالی ووڈ، جو ہندوستانی فلم انڈسٹری کے گڑھ کے طور پر شہر ممبئ کو دیا گیا نام ہے، کی فلموں اور موسیقی کی زبان اگرچہ سرٹفکیٹ کے حساب سے ہندی ہوتی ہے (اردو سرٹفکیشن کی کچھ ہی فلمیں رہی ہیں) لیکن عملی طور پر ان کی زبان اصل ہندوستانی ہوتی ہے۔ نہ اس زبان میں عربی فارسی کے مشکل الفاظ کی آمیزش ہوتی ہے، نہ سنسکرت کے کٹھن شبدوں کی ملاوٹ۔ یہی صورت حال ان کے گانوں کی بھی ہے۔ اس لحاظ سے ان گیتوں کے مجموعے اردو زبان میں شائع کئے جانے میں مجھے کوئی قباحت محسوس نہیں ہوئی۔ ان "گیت کاروں" کو "شاعر" بھی بہر حال کہا جا سکتا ہے۔

ان مجموعوں کی ضرورت مجھے اس وقت سے محسوس ہو رہی تھی جب سے ساحر لدھیانوی نے خود اپنے منتخب گیت 'گاتا جائے بنجارہ' کے نام سے شائع کروائے تھے۔ اس مجموعے میں ساحر کے صرف وہی گیت تھے جو بحر و عروض کے مطابق درست تھے لیکن اس میں میری پسند کے بہت سے نغمے شامل نہیں تھے۔ اس لئے میری کوشش تھی کہ ان کے دوسرے نغمے بھی جمع کئے جائیں۔ اس طرح پہلے ساحر کے گیتوں کا مجموعہ 'لہروں کی شہنائی' مرتب کیا گیا۔ (اس کا ذکر میں ساحر کے مجموعے اس کے بعد خیال آیا کہ دوسرے فلمی شاعروں کے فلمی گیتوں کے مجموعے بھی ترتیب دیئے جائیں۔ چنانچہ شکیل بدایونی، مجروح سلطان پوری، حسرت جے پوری، کیفی اعظمی،

راجہ مہدی علی خان (جو اگرچہ اردو ادب میں محض مزاح کے لئے مشہور تھے) جیسے مستند شعراء کے علاوہ راجیندر کرشن اور شیلیندر (یہ دونوں مشہور عام اور مستند ویب گاہ ریختہ میں بھی اردو شعراء کے طور پر مندرج ہیں اگرچہ ہندی کوی تھے) کے گیتوں کے مجموعے بھی ترتیب دئے گئے۔ راجیندر کرشن کے مجموعے "جاگ دردِ عشق جاگ" کے بعد پیش ہے شیلیندر کے گیتوں کا یہ مجموعہ۔

حسرت اور شیلندر کی جوڑی بھی مشہور تھی، اور اس جوڑی کے گیتوں کی موسیقی میں اکثر ساتھ دیا تھا شنکر اور جے کشن کی جوڑی نے۔ اس لئے اس مجموعے میں جہاں فلم کے نام کے ساتھ کسی موسیقار کا نام نہیں ہے، وہاں شنکر جے کشن کا ہی نام سمجھا جائے۔ حسرت جے پوری کے مجموعے "بھیگی بھیگی رات میں" میں بھی یہی طریقہ اپنایا گیا ہے۔

امید ہے زیر نظر مجموعہ بھی پسند آئے گا۔

فلم : پتیتا

موسیقار : سچن دیو برمن

آواز : طلعت محمود

اندھے جہان کے اندھے راستے، جائیں تو جائیں کہاں

دنیا تو دنیا، تو بھی پرایا، ہم ہیں یہاں نہ وہاں

اندھے جہان کے اندھے راستے، جائیں تو جائیں کہاں

جینے کی چاہت نہیں، مر کے بھی راحت نہیں

اس پار آنسو، اس پار آہیں، دل میرا بے زباں

اندھے جہان کے اندھے راستے، جائیں تو جائیں کہاں

ہم کو نہ کوئی بلائے، نا کوئی پلکیں بچھائے

اے غم کے مارو، منزل وہیں ہے، دم یہ ٹوٹے جہاں

اندھے جہان کے اندھے راستے، جائیں تو جائیں کہاں

آغاز کے دن تیرا انجام طے ہو چکا

جلتے رہیں ہیں، جلتے رہیں گے، یہ زمیں آسماں

اندھے جہان کے اندھے راستے، جائیں تو جائیں کہاں

***

آواز: طلعت محمود

ہیں سب سے مدھر وہ گیت جنہیں، ہم درد کے سر میں گاتے ہیں

جب حد سے گزر جاتی ہے خوشی، آنسو بھی چھلکتے آتے ہیں

ہیں سب سے مدھر وہ گیت جنہیں۔۔۔

پہلو میں پرائے درد بسا کے، ہنسنا ہنسانا سیکھ ذرا

تو ہنسنا ہنسانا سیکھ ذرا

پہلو میں پرائے درد بسا کے، ہنسنا ہنسانا سیکھ ذرا

تو ہنسنا ہنسانا سیکھ ذرا

طوفان سے کہہ دے گھر کے اٹھے، ہم پیار کے دیپ جلاتے ہیں

ہم پیار کے دیپ جلاتے ہیں

ہیں سب سے مدھر وہ گیت جنہیں۔۔۔

کانٹوں میں کھلے ہیں پھول ہمارے، رنگ بھرے ارمانوں کے

رنگ بھرے ارمانوں کے

کانٹوں میں کھلے ہیں پھول ہمارے، رنگ بھرے ارمانوں کے

رنگ بھرے ارمانوں کے

نادان ہیں جو ان کانٹوں سے، دامن کو بچائے جاتے ہیں

دامن کو بچائے جاتے ہیں

ہیں سب سے مدھر وہ گیت جنہیں۔۔۔۔

جب غم کا اندھیرا گھر آئے، سمجھو کہ سویرا دور نہیں

سمجھو کہ سویرا دور نہیں

جب غم کا اندھیرا گھر آئے، سمجھو کہ سویرا دور نہیں

سمجھو کہ سویرا دور نہیں

ہر رات کی ہے سوغات یہی، تارے بھی یہی دہراتے ہیں

تارے بھی یہی دہراتے ہیں

ہیں سب سے مدھر وہ گیت جنہیں، ہم درد کے سر میں گاتے ہیں

ہم درد کے سر میں گاتے ہیں

جب حد سے گزر جاتی ہے خوشی، آنسو بھی چھلکتے آتے ہیں

ہیں سب سے مدھر وہ گیت جنہیں۔۔۔۔

***

آواز: لتا منگیشکر

کسی نے اپنا بنا کے مجھ کو مسکرانا سکھا دیا

اندھیرے گھر میں کسی نے ہنس کے چراغ جیسے جلا دیا

کسی نے اپنا بنا۔۔۔

شرم کے مارے میں کچھ نہ بولی، نظر نے پردا گرا دیا

مگر وہ سب کچھ سمجھ گئے ہیں، کہ دل بھی میں نے گنوا دیا

کسی نے اپنا

نہ پیار دیکھا، نہ پیار جانا، سنی تھی لیکن کہانیاں

جو خواب راتوں میں بھی نہ آیا، وہ مجھ کو دن میں دکھا دیا

کسی نے اپنا۔۔۔

وہ رنگ بھرتے ہیں زندگی میں، بدل رہا ہے میرا جہاں

کوئی ستارے لٹا رہا تھا، کسی نے دامن بچھا دیا

کسی نے اپنا بنا کے مجھ کو مسکرانا سکھا دیا

کسی نے اپنا بنا۔۔۔

***

فلم : اب دلّی دور نہیں

موسیقار : دتّا رام

آوازیں : آشا بھوسلے، گیتا دت اور ساتھی

آشا : یہ چمن ہمارا اپنا ہے

اس دیش پہ اپنا راج ہے

کورس : اس دیش پہ اپنا راج ہے

آشا : مت کہو کہ سر پہ ٹوپی ہے

کہو سر پہ ہمارے تاج ہے

کورس : کہو سر پہ ہمارے تاج ہے

آشا : یہ چمن ہمارا اپنا ہے۔۔۔

گیتا : آتی تھی ایک دوالی

آشا : آ آ آ

کورس : آتی تھی ایک دوالی

گیتا : برسوں میں کبھی خوشحالی

آشا : اب تو ہر ایک وار ایک تیوہار ہے

یہ ابھرتا سنورتا سماج ہے

آشا : یہ چمن ہمارا اپنا ہے

اس دیش پہ اپنا راج ہے

کورس : اس دیش پہ اپنا راج ہے

آشا : آ آ آ آ

گیتا : یہ جان سے پیاری دھرتی

آشا : آ آ آ

کورس : یہ جان سے پیاری دھرتی

گیتا : دنیا کی دلاری دھرتی

آشا : یہ امن کا دیا آندھیوں میں جلا

ساری دنیا کو اس پہ ناز ہے

آشا : یہ چمن ہمارا اپنا ہے

اس دیش پہ اپنا راج ہے

کورس : اس دیش پہ اپنا راج ہے

آشا : ہو دیکھ لو کہیں غم نہ رہے کہیں غم نہ رہے

کورس : کہیں غم نہ رہے کہیں غم نہ رہے

آشا : روشنی کہیں کم نہ رہے کہیں غم نہ رہے

کورس : کہیں غم نہ رہے کہیں غم نہ رہے

آشا : سارے سنسار کی آنکھ ہم پہ لگی

اپنے ہاتھوں میں اپنی لاج ہے

یہ چمن ہمارا اپنا ہے

اس دیش پہ اپنا راج ہے

کورس : یہ چمن ہمارا اپنا ہے

اس دیش پہ اپنا راج ہے

مت کہو کہ سر پہ ٹوپی ہے

کہو سر پہ ہمارے تاج ہے

یہ چمن ہمارا اپنا ہے۔۔۔

***

فلم : آہ

موسیقار : شنکر جے کشن*

آواز : لتا منگیشکر

یہ شام کی تنہائیاں ایسے میں تیرا غم

یہ شام کی تنہائیاں ایسے میں تیرا غم

پتے کہیں کھڑکے ہوا آئی تو چونکے ہم

پتے کہیں کھڑکے ہوا آئی تو چونکے ہم

یہ شام کی تنہائیاں ایسے میں تیرا غم

جس راہ سے تم آنے کو تھے

جس راہ سے تم آنے کو تھے

اس کے نشاں بھی مٹنے لگے

اس کے نشاں بھی مٹنے لگے

آئے نہ تم سو سو دفعہ آئے گئے موسم

آئے نہ تم سو سو دفعہ آئے گئے موسم

یہ شام کی تنہائیاں ایسے میں تیرا غم

سینہ سے لگا تیری یاد کو

سینہ سے لگا تیری یاد کو

روتی رہی میں رات کو

روتی رہی میں رات کو

حالت پہ میری چاند تارے رو گئے شبنم

حالت پہ میری چاند تارے رو گئے شبنم

یہ شام کی تنہائیاں ایسے میں تیرا غم

***

*آئندہ جہاں موسیقار کا نام نہیں دیا گیا ہے، وہاں شنکر جے کشن کی جوڑی کا نام سمجھا جائے۔

آواز: لتا منگیشکر

راجہ کی آئے گی بارات، رنگیلی ہوگی رات

مگن میں ناچوں گی، ہو۔۔۔۔ مگن میں ناچوں گی

راجہ کی آئے گی بارات

راجہ کے ماتھے تلک لگے گا، رانی کے ماتھے سیندور

رانی کے ماتھے سیندور

میں بھی اپنے من کی آشا، پوری کروں گی ضرور

پوری کروں گی ضرور

مہندی سے پیلے ہوں گے ہاتھ، سہیلیوں کے ساتھ

مگن میں ناچوں گی، ہو۔۔۔ مگن میں ناچوں گی

راجہ کی آئے گی بارات۔۔۔

رانی کے سنگ راجہ ڈولے سجاتے، چلے جائیں گے پردیس

چلے جائیں گے پردیس

جب جب ان کی یاد آئے گی، دل پہ لگے گی ٹھیس

دل پہ لگے گی ٹھیس

نینوں سے ہوگی برسات، اندھیری ہوگی رات

مگن میں ناچوں گی، ہو۔۔۔ مگن میں ناچوں گی

راجہ کی آئے گی بارات، رنگیلی ہوگی رات

مگن میں ناچوں گی، ہو۔۔۔ مگن میں ناچوں گی

راجہ کی آئے گی بارات

***

فلم : زندگی

آواز : محمد رفیع

ہم نے جفا نہ سیکھی، ان کو وفا نہ آئی

پتھر سے دل لگایا، اور دل نے چوٹ کھائی

ہم نے جفا نہ سیکھی، ان کو وفا نہ آئی

اپنے ہی دل کے ہاتھوں برباد ہو گئے ہم

کس سے کریں شکایت، اب کس کو دیں دہائی

پتھر سے دل لگایا، اور دل نے چوٹ کھائی

دنیا بنانے والے، میں تجھ سے پوچھتا ہوں

کیا پیار کا جہاں میں، بدلا ہے بیوفائی

پتھر سے دل لگایا، اور دل نے چوٹ کھائی

* * *

فلم : بسنت بہار

آوازیں : لتا منگیشکر، منا ڈے

لتا : نین ملے چین کہاں

دل ہے وہیں تو ہے جہاں

یہ کیا کیا سیاں سانورے

ہو تونے یہ کیا کیا سیاں سانورے

نین ملے چین کہاں

دل ہے وہیں تو ہے جہاں

یہ کیا کیا سیاں سانورے

ہو تونے یہ کیا کیا سیاں سانورے

مناڈے : آ۔۔۔

مناڈے : چپ چپ رہ کے لٹایا دل تجھ پہ

چپ چپ رہ کے لٹایا دل تجھ پہ

اک سکھ پایا میں نے سو دکھ سہ کے

اک سکھ پایا میں نے سو دکھ سہ کے

سکھ دکھ سہ کے

لتا : دور دور گلی گلی اب تو بات پھیل چلی

یہ کیا کیا سیاں سانورے

ہو تو نے یہ کیا کیا سیاں سانورے

مناڈے : کون سے گگن کے تلے دل یہ میرا لے کے چلے

دو نینا تیرے بانورے

او گوری دو نینا تیرے بانورے

لتا : آ۔۔۔۔

لتا : نٹ کھٹ نینا نہ مانے میرا کہنا

نٹ کھٹ نینا نہ مانے میرا کہنا

ہر دم چاہے تیری گلیوں میں رہنا

ہر دم چاہے تیری گلیوں میں رہنا

نٹ کھٹ نینا

منا ڈے : ہنس کے موہے لوٹ گئے، کچھ کہا تو روٹھ گئے

دو نینا تیرے با نورے

ہو گوری دو نینا تیرے با نورے

نین ملے چین کہاں

دل ہے وہیں تو ہے جہاں

یہ کیا کیا سیاں سانورے

ہو تو نے یہ کیا کیا سیاں سانورے

لتا : میرے من سجنا بہاریں جیسے انگنا

میرے من سجنا بہاریں جیسے انگنا

تم بن سجن موہے سوجھت کوئی رنگ نا

تم بن سجن موہے سوجھت کوئی رنگ نا

دور دور گلی گلی اب تو بات پھیل چلی

یہ کیا کیا سیاں سانورے

ہو تو نے یہ کیا کیا سیاں سانورے

نین ملے چین کہاں

دل ہے وہیں تو ہے جہاں

یہ کیا کیا سیاں سانورے

ہو تو نے یہ کیا کیا سیاں سانورے

***

آواز: منا ڈے

سر نا سجے کیا گاؤں میں

سر نا سجے کیا گاؤں میں

سر کے بنا، جیون سونا

سر کے بنا، جیون سونا

سر نا سجے کیا گاؤں میں

سر نا سجے۔۔۔

جلتے گیا جیون میرا

جلتے گیا جیون میرا

اس رات کا نہ ہو گا سویرا

اس رات کا نہ ہو گا سویرا

سر نا سجے کیا گاؤں میں

سر نا سجے۔۔۔

دونوں جہاں ، مجھ سے روٹھے

دونوں جہاں ، مجھ سے روٹھے

تیرے بنا یہ گیت بھی جھوٹے

تیرے بنا یہ گیت بھی جھوٹے

سر نا سجے کیا گاؤں میں

سر نا سجے۔۔۔

تٹ سے لگی ندیا گاوے

تٹ سے لگی ندیا گاوے

پی تم کہاں پپیہا گاوے

پی تم کہاں پپیہا گاوے

سر نا سجے کیا گاؤں میں

سر نا سجے۔۔۔

سنگیت من کو پنکھ لگائے

گیتوں میں رم جھم رس برسائے

سنگیت من کو پنکھ لگائے

گیتوں میں رم جھم رس برسائے

سر کی سادھنا

سر کی سادھنا

پرمیشور کی

سر نا سجے کیا گاؤں میں

سر نا سجے۔۔۔

***

فلم : آوارہ

آوازیں : لتا منگیشکر، مکیش

لتا : دم بھر جو ادھر منہ پھیرے

دم بھر جو ادھر منہ پھیرے ، او چندا

میں ان سے پیار کر لوں گی ، باتیں ہزار کر لوں گی

دم بھر جو ادھر منہ پھیرے

مکیش : دم بھر جو ادھر منہ پھیرے ، او چندا

میں ان سے پیار کر لوں گا ، نظریں تو چار کر لوں گا

دم بھر جو ادھر منہ پھیرے

لتا : دل کرتا ہے پیار کے سجدے

دل کرتا ہے پیار کے سجدے

اور میں بھی ان کے ساتھ

چاند کو چندا روز ہی دیکھے

میری پہلی رات ، ہو۔۔۔ میری پہلی رات

بادل میں اب چھپ جا رے او چندا

میں ان سے پیار کر لوں گی ، باتیں ہزار کر لوں گی

دم بھر جو ادھر منہ پھیرے

مکیش : دم بھر جو ادھر منہ پھیرے

مکیش : میں چور ہوں ، کام ہے چوری

ہو۔۔۔

میں چور ہوں ، کام ہے چوری

دنیا میں ہوں ، بدنام

دل کو چراتا آیا ہوں میں

یہ ہی میرا کام ، ہو۔۔۔ یہ ہی میرا کام

آنا تو گواہی دینے او چندا

میں ان سے پیار کر لوں گا ، نظریں تو چار کر لوں گا

دم بھر جو ادھر مکھ پھیرے

لتا : دل کو چرا کے کھو مت جانا

ہو۔۔۔

دل کو چرا کے کھو مت جانا

راہ نہ جانا بھول

ان قدموں سے کچل نہ دینا

میرے دل کا پھول ، ہو۔۔۔ میرے دل کا پھول

یہ بات انہیں سمجھا دے او چندا

میں ان سے پیار کر لوں گی، باتیں ہزار کر لوں گی

دم بھر جو ادھر منہ پھیرے

مکیش : دم بھر جو ادھر منہ پھیرے، او چندا

میں ان سے پیار کر لوں گا، نظریں تو چار کر لوں گا

دم بھر جو ادھر منہ پھیرے

***

آواز: لتا منگیشکر

آآآآ۔۔۔آآآآ۔۔۔

آ۔۔۔۔آ۔۔۔آ۔۔۔

گھر آیا میرا پردیسی

پیاس بجھی میری اکھین کی

آآآآ۔۔۔آآآآ۔۔۔

آ۔۔۔۔آ۔۔۔آ۔۔۔

تو میرے من کا موتی ہے

ان نینن کی جیوتی ہے

یاد ہے میرے بچپن کی

گھر آیا میرا پردیسی

آآآآ۔۔۔۔آآآآ۔۔۔

آ۔۔۔۔۔آ۔۔۔۔آ۔۔۔۔

اب دل توڑ کے مت جانا

روتی چھوڑ کے مت جانا

قسم تجھے میرے انسوَن کی

گھر آیا میرا پردیسی

آآآآ۔۔۔۔آآآآ۔۔۔

آ۔۔۔۔۔آ۔۔۔۔آ۔۔۔۔

***

فلم : گائڈ

موسیقار : سچن دیو برمن

آواز : محمد رفیع

دن ڈھل جائے ہائے ، رات نہ جائے

تو تو نہ آئے تیری ، یاد ستائے

دن ڈھل جائے ہائے ، رات نہ جائے

پیار میں جن کے ، سب جگ چھوڑا ، اور ہوئے بدنام

ان کے ہی ہاتھوں حال ہوا یہ ، بیٹھے ہیں دل کو تھام

اپنے کبھی تھے ، اب ہیں پرائے

دن ڈھل جائے ہائے ، رات نہ جائے

تو تو نہ آئے تیری ، یاد ستائے

دن ڈھل جائے ہائے ، رات نہ جائے

ایسی ہی رم جھم، ایسی پھواریں، ایسی ہی تھی برسات

خود سے جدا اور، جگ سے پرائے، ہم دونوں تھے ساتھ

پھر سے وہ ساون، اب کیوں نہ آئے

دن ڈھل جائے ہائے، رات نہ جائے

تو تو نہ آئے تیری، یاد ستائے

دن ڈھل جائے ہائے، رات نہ جائے

دل کے میرے تم، پاس ہو کتنی، پھر بھی ہو کتنی دور

تم مجھ سے میں دل سے پریشاں، دونوں ہیں مجبور

ایسے میں کس کو، کون منائے

دن ڈھل جائے ہائے، رات نہ جائے

تو تو نہ آئے تیری، یاد ستائے

دن ڈھل جائے ہائے، رات نہ جائے

* * *

آواز : لتا منگیشکر

کانٹوں سے کھینچ کے یہ آنچل

توڑ کے بندھن باندھے پائل

ہو۔۔۔ہو

کانٹوں سے کھینچ کے یہ آنچل

توڑ کے بندھن باندھے پائل

کوئی نہ روکو میرے دل کی اڑان کو

دل وہ چلا ہا ہا ہا ہا ہا ہا

آج پھر جینے کی تمنا ہے

آج پھر مرنے کا ارادہ ہے

آج پھر جینے کی تمنا ہے

آج پھر مرنے کا ارادہ ہے

کل کے اندھیروں سے نکل کے

دیکھا ہے آنکھیں مل کے مل کے

کل کے اندھیروں سے نکل کے

دیکھا ہے آنکھیں مل کے مل کے

پھول ہی پھول زندگی بہار ہے

طے کر لیا ہاہاہا آ آ آ آ

آج پھر جینے کی تمنا ہے

آج پھر مرنے کا ارادہ ہے

آج پھر جینے کی تمنا ہے

آج پھر مرنے کا ارادہ ہے

میں ہوں خمار یا طوفاں ہوں،

کوئی بتائے میں کہاں ہوں،

ڈر ہے سفر میں کہیں کھو نہ جاؤں میں

رستا نیا ہاہاہا آآآآ

آج پھر جینے کی تمنا ہے

آج پھر مرنے کا ارادہ ہے

آج پھر جینے کی تمنا ہے

آج پھر مرنے کا ارادہ ہے

***

آواز: لتا منگیشکر

پیا توسے نینا لاگے رے، نینا لاگے رے

جانے کیا ہو اب آگے رے، نینا لاگے رے

پیا توسے نینا لاگے رے

ہو، جگ نے اتارے، ہو، دھرتی پہ تارے،

پر من میرا مرجھائے

ہو، ان بن آئی، ہو، ایسی دیوالی

ملنے کو جیا ترسائے، آسجن پائل پکارے

جھنک جھن جھن جھنک جھن جھن، پیا توسے

پیا توسے نینا لاگے رے، نینا لاگے رے

جانے کیا ہو اب آگے رے، نینا لاگے رے

پیا توسے نینا لاگے رے

بھور کی بیلا سہانی ، ندیا کے تیرے

بھر کے گاگر جس گھڑی میں چلوں دھیرے دھیرے

تم پہ نظر جب آئی ، جانے کیوں بج اٹھے کنگنا

چھنک چھن چھن چھنک چھن چھن ، پیا توسے

پیا توسے نینا لاگے رے ، نینا لاگے رے

جانے کیا ہو اب آگے رے ، نینا لاگے رے

پیا توسے نینا لاگے رے

ہو ، آ ، ہو ، آئی ہولی آئی ہو ، سب رنگ لائی

بن تیرے ہولی بھی نہ بھائے ، ہو

بھری پچکاری ، ہو ، سکھیوں نے ماری

بھیگی موری ساری ، ہائے ہائے ۔ ۔ ۔ ،

تن بدن میرا کانپے تھر تھر

دھنک دھن دھن دھنک دھن دھن، پیا توسے۔۔۔۔۔

پیا توسے نینا لاگے رے، نینا لاگے رے

جانے کیا ہواب آگے رے، نینا لاگے رے

پیا توسے نینا لاگے رے

رات کو جب چاند چمکے جل اٹھے تن میرا

میں کہوں مت کراو چندا اس گلی کا پھیرا

آنا میرا سیاں جب آئے

چمکا اس رات کو جب

ملیں گے تن من ملیں گے تن من،

پیا توسے

پیا توسے نینا لاگے رے، نینا لاگے رے

جانے کیا ہواب آگے رے ، نینا لاگے رے

پیا توسے نینا لاگے رے

پیا

ہو ہو پیا

کورس : پیا

ہو ہو پیا

پیا توسے نینا لاگے رے ، نینا لاگے رے

جانے کیا ہواب آگے رے ، نینا لاگے رے

پیا توسے نینا لاگے رے

***

آوازیں : محمد رفیع

تیرے میرے سپنے اب ایک رنگ ہیں

ہو جہاں بھی لے جائیں راہیں، ہم سنگ ہیں

ہو۔۔۔ تیرے میرے سپنے اب ایک رنگ ہیں

تیرے میرے دل کا، طے تھا اک دن ملنا

جیسے بہار آنے پر، طے ہے پھول کا کھلنا

او میرے جیون ساتھی۔۔۔

تیرے میرے سپنے اب ایک رنگ ہیں

ہو جہاں بھی لے جائیں راہیں، ہم سنگ ہیں

ہو۔۔۔ تیرے میرے سپنے اب ایک رنگ ہیں

تیرے دکھ اب میرے، میرے سکھ اب تیرے

تیرے یہ دو نیناں، چاند اور سورج میرے

او میرے جیون ساتھی۔۔۔

تیرے میرے سپنے اب ایک رنگ ہیں

ہو جہاں بھی لے جائیں راہیں، ہم سنگ ہیں

ہو۔۔۔ تیرے میرے سپنے اب ایک رنگ ہیں

لاکھ منالے دنیا، ساتھ نہ یہ چھوٹے گا

آ کے میرے ہاتھوں میں، ہاتھ نہ یہ چھوٹے گا

او میرے جیون ساتھی۔۔۔

تیرے میرے سپنے اب ایک رنگ ہیں

ہو جہاں بھی لے جائیں راہیں، ہم سنگ ہیں

ہو۔۔۔ تیرے میرے سپنے اب ایک رنگ ہیں

***

فلم : اناڑی

آواز : مکیش

کسی کی مسکراہٹوں پہ ہو نثار

کسی کا درد مل سکے تو لے ادھار

کسی کے واسطے ہو تیرے دل میں پیار

جینا اسی کا نام ہے

کسی کی مسکراہٹوں پہ ہو نثار

کسی کا درد مل سکے تو لے ادھار

کسی کے واسطے ہو تیرے دل میں پیار

جینا اسی کا نام ہے

مانا اپنی جیب سے فقیر ہیں

پھر بھی یاروں دل کے ہم امیر ہیں

مانا اپنی جیب سے فقیر ہیں

پھر بھی یاروں دل کے ہم امیر ہیں

مٹے جو پیار کے لئے وہ زندگی

جلے بہار کے لئے وہ زندگی

کسی کو ہو نہ ہو ہمیں تو اعتبار

جینا اسی کا نام ہے

کسی کی مسکراہٹوں پہ ہو نثار

کسی کا درد مل سکے تو لے ادھار

کسی کے واسطے ہو تیرے دل میں پیار

جینا اسی کا نام ہے

رشتہ دل سے دل کے اعتبار کا

زندہ ہے ہمیں سے نام پیار کا

رشتہ دل سے دل کے اعتبار کا

زندہ ہے ہمیں سے نام پیار کا

کہ مر کے بھی کسی کو یاد آئیں گے

کسی کے آنسوؤں میں مسکرائیں گے

کہے گا پھول ہر کلی سے بار بار

جینا اسی کا نام ہے

کسی کی مسکراہٹوں پہ ہو نثار

کسی کا درد مل سکے تو لے ادھار

کسی کے واسطے ہو تیرے دل میں پیار

جینا اسی کا نام ہے

* * *

آواز: لتا منگیشکر

تیرا جانا، دل کے ارمانوں کا لٹ جانا

کوئی دیکھے

کوئی دیکھے بن کے تقدیروں کا مٹ جانا

تیرا جانا

تیرا غم تیری خوشی، میرا غم میری خوشی

تجھ سے ہی تھی زندگی

ہنس کر ہم نے تھا کہا، جیون بھر کا ساتھ ہے

یہ کل ہی کی بات ہے

آآآآ۔۔۔۔

تیرا جانا، دل کے ارمانوں کا لٹ جانا

جب جب چندا آئے گا، تیری یاد دلائے گا

ساری رات جگائے گا

میں رو کر رہ جاؤں گی، دل جب ضد پر آئے گا

دل کو کون منائے گا

آآآآ۔۔۔۔

تیرا جانا، دل کے ارمانوں کا لٹ جانا

کوئی دیکھے

کوئی دیکھے بن کے تقدیروں کا مٹ جانا

تیرا جانا

***

فلم : بوٹ پالش

آوازیں : محمد رفیع، آشا بھوسلے، ساتھی

رفیع : ننھے منے بچہ تیری مٹھی میں کیا ہے

ننھے منے بچہ تیری مٹھی میں کیا ہے

آشا : مٹھی میں ہے تقدیر ہماری

کورس : مٹھی میں ہے تقدیر ہماری

آشا : ہم نے قسمت کو بس میں کیا ہے

کورس : ہم نے قسمت کو بس میں کیا ہے

رفیع : بھولی بھالی متوالی آنکھوں میں کیا ہے

بھولی بھالی متوالی آنکھوں میں کیا ہے

آشا : آنکھوں میں جھومے امیدوں کی دوالی

کورس : آنکھوں میں جھومیں امیدوں کی دوالی

آشا : آنے والی دنیا کا سپنا سجا ہے

کورس : آنے والی دنیا کا سپنا سجا ہے ۔۔۔

رفیع : بھیک میں جو موتی ملے لوگے یا نہ لوگے

زندگی کے آنسوؤں کا بولو کیا کروگے

بھیک میں جو موتی ملے لوگے یا نہ لوگے

زندگی کے آنسوؤں کا بولو کیا کروگے

آشا : بھیک میں جو موتی ملے تو بھی ہم نہ لیں گے

کورس : بھیک میں جو موتی ملے تو بھی ہم نا لیں گے

آشا : زندگی کے آنسوؤں کی مالا پہنیں گے

کورس : زندگی کے آنسوؤں کی مالا پہنیں گے

آشا : مشکلوں سے لڑتے بھڑتے جینے میں مزہ ہے

کورس : مشکلوں سے لڑتے بھڑتے جینے میں مزہ ہے

رفیع : ننھے منے بچے تیری مٹھی میں کیا ہے

رفیع : ہم سے نہ چھپاؤ بچو ہمیں بھی بتاؤ

آنے والے دنیا کیسی ہوگی سمجھاؤ

ہم سے نہ چھپاؤ بچو ہمیں بھی بتاؤ

آنے والے دنیا کیسی ہوگی سمجھاؤ

آشا : آنے والی دنیا میں سب کے سر پہ تاج ہوگا

کورس : آنے والی دنیا میں سب کے سر پہ تاج ہوگا

آشا : نہ بھوکوں کی بھیڑ ہوگی نہ دکھوں کا راج ہوگا

کورس : نہ بھوکوں کی بھیڑ ہوگی نہ دکھوں کا راج ہوگا

آشا : بدلے گا زمانہ یہ ستاروں پہ لکھا ہے

کورس : بدلے گا زمانہ یہ ستاروں پہ لکھا ہے

رفیع : ننھے منے بچے تیری مٹھی میں کیا ہے

ننھے منے بچے تیری مٹھی میں کیا ہے

کورس : مٹھی میں ہے تقدیر ہماری

ہم نے قسمت کو بس میں کیا ہے

***

فلم : جاگتے رہو

آواز : مکیش ، موتی لال

رنگی کو نارنگی کہے ، بنے دودھ کو کھویا

چلتی کو گاڑی کہے ، دیکھ کبیرا رویا۔۔۔

زندگی خواب ہے ، خواب میں جھوٹ کیا

اور بھلا سچ ہے کیا

(موتی لال) سب سچ ہے

زندگی خواب ہے۔۔۔

دل نے ہم سے جو کہا ، ہم نے ویسا ہی کیا

دل نے ہم سے جو کہا ، ہم نے ویسا ہی کیا

پھر کبھی فرصت سے سوچیں گے برا تھا یا بھلا

زندگی خواب ہے ، خواب میں جھوٹ کیا

اور بھلا سچ ہے کیا

ایک قطرہ مے کا جب، پتھر سے ہونٹوں پر پڑا

ایک قطرہ مے کا جب، پتھر سے ہونٹوں پر پڑا

اس کے سینہ میں بھی دل دھڑکا یہ اس نے بھی کہا

(موتی لال) کیا

زندگی خواب ہے، خواب میں جھوٹ کیا

اور بھلا سچ ہے کیا

ایک پیالی بھر کے میں نے، غم کے مارے دل کو دی

زہر نے مارا زہر کو، مردے میں پھر جان آگئی

زندگی خواب ہے، خواب میں جھوٹ کیا

اور بھلا سچ ہے کیا

زندگی خواب ہے

* * *

آوازیں : لتا منگیشکر، ساتھی

لتا : جاگو

کورس : جاگو جاگو

لتا : جب اجیارا چھائے

من کا اندھیرا جائے

کرنوں کی رانی گائے

جاگو ہے، میرے من موہن پیارے

کورس : جاگی رے جاگی رے جگ کلیاں جاگیں

جاگی رے جاگی رے جگ کلیاں جاگیں

جاگی رے جاگی رے جاگی رے

جاگی رے جاگی رے جگ جگ

لتا : جاگو موہن پیارے جاگو

لتا : جاگو موہن پیارے جاگو

نویگ چومے نین تہارے

جاگو، جاگو موہن پیارے

کورس : جاگی جاگی رے جگ کلیاں جاگیں

جاگی جاگی رے جگ کلیاں جاگیں

جاگی رے جاگی رے جاگی رے

جاگی رے جاگی رے جگ جگ

لتا : بھیگی بھیگی انکھیوں سے مسکائے

یہ نئی بھور تو ہے انگ لگائے

بھیگی بھیگی انکھیوں سے مسکائے

یہ نئی بھور تو ہے انگ لگائے

بانہیں پھیلا او دکھیارے

جاگو، جاگو موہن پیارے ۔۔۔

جس نے من کا دیپ جلایا دنیا کو اس نے ہی اجلا پایا

جس نے من کا دیپ جلایا دنیا کو اس نے ہی اجلا پایا

مت رہنا انکھیوں کے سہارے

جاگو جاگو موہن پیارے ۔۔۔

کرن پری گگری چھلکائے ، جیوت کا پیاسا پیاس بجھائے

کرن پری گگری چھلکائے ، جیوت کا پیاسا پیاس بجھائے

پھول بنے من کے انگارے

جاگو جاگو موہن پیارے ۔۔۔

کورس : جاگی جاگی رے جگ کلیاں جاگیں

جاگی جاگی رے جگ کلیاں جاگیں

جاگی رے جاگی رے جاگی رے

جاگی رے جاگی رے جگ جگ

***

فلم : انداز (۱۹۷۱ء)
آواز : کشور کمار

زندگی ایک سفر ہے سہانا

یہاں کل کیا ہو کس نے جانا

زندگی ایک سفر ہے سہانا

یہاں کل کیا ہو کس نے جانا

اڑلئی اڑلئی اڑلئی ارلئی اڑلئی او

اڑلئی اڑلئی اڑلئی ارلئی اڑلئی او

ہنستے گاتے جہاں سے گزر

دنیا کی تو پرواہ نہ کر

ہنستے گاتے جہاں سے گزر

دنیا کی تو پرواہ نہ کر

مسکراتے ہوئے دن بتانا

یہاں کل کیا ہو کس نے جانا

ہاں زندگی ایک سفر ہے سہانا

یہاں کل کیا ہو کس نے جانا

اڑلیئ اڑلیئ اڑلیئ ہاہاہاہاہا

اڑلیئ اڑلیئ اڑلیئ ارلیئ اڑلیئ او

موت آنی ہے آئے گی اک دن

جان جانی ہے جائے گی اک دن

موت آنی ہے آئے گی اک دن

جان جانی ہے جائے گی اک دن

ایسی باتوں سے کیا گھبرانا

یہاں کل کیا ہو کس نے جانا

ہاں زندگی ایک سفر ہے سہانا

یہاں کل کیا ہو کس نے جانا

چاند تاروں سے چلنا ہے آگے

آسمانوں سے بڑھنا ہے آگے

چاند تاروں سے چلنا ہے آگے

آسمانوں سے بڑھنا ہے آگے

پیچھے رہ جائے گا یہ زمانا

یہاں کل کیا ہو کس نے جانا

ہاں زندگی ایک سفر ہے سہانا

یہاں کل کیا ہو کس نے جانا

***

فلم : انورادھا

موسیقار : پنڈت روی شنکر

آواز : لتا منگیشکر

ہائے رے وہ دنا کیوں نہ آئے

ہائے رے وہ دنا کیوں نہ آئے

جا جا کے رتو

لوٹ آئے رے

ہائے رے وہ دنا کیوں نہ آئے

جھلمل وہ تارے کہاں گئے وہ سارے

من باتی جلے بجھ جائے

ہائے رے وہ دنا کیوں نہ آئے

سونی میری بینا سنگیت بنا

سپنوں کی مالا مرجھائے

ہائے رے وہ دنا کیوں نہ آئے

***

آواز: لتا منگیشکر

جانے کیسے سپنوں میں کھو گئیں انکھیاں

میں تو ہوں جاگی، موری سو گئیں انکھیاں

جانے کیسے سپنوں میں کھو گئیں انکھیاں

میں تو ہوں جاگی، موری سو گئیں انکھیاں

عجب دیوانی بھئی، موسے ان جانی بھئی

عجب دیوانی بھئی، موسے ان جانی بھئی

پل میں پرائی دیکھو ہو گئیں انکھیاں

میں تو ہوں، جاگی، موری سو گئیں انکھیاں

جانے کیسے سپنوں میں کھو گئیں انکھیاں

میں توہوں جاگی، موری سوگئیں انکھیاں

برسی یہ کیسی دھارا، کانپے تن من سارا

برسی یہ کیسی دھارا، کانپے تن من سارا

رنگ سے انگ بھگوگئیں انکھیاں

میں توہوں جاگی، موری سوگئیں انکھیاں

من اجیارا چھایا، جگ اجیارا چھایا

من اجیارا چھایا، جگ اجیارا چھایا

جگمگ دیپ سنجوگئیں انکھیاں

میں توہوں، جاگی، موری سوگئیں انکھیاں

جانے کیسے سپنوں میں کھوگئیں انکھیاں

میں توہوں جاگی، موری سوگئیں انکھیاں

***

آواز : لتا منگیشکر

ہو۔۔ہو۔۔۔ہو۔۔۔

کیسے دن بیتے کیسے بیتی رتیاں

پیا جانے نا

ہائے

کیسے دن بیتے کیسے بیتی رتیاں

پیا جانے نا

نیہا لگا کے میں پچھتائی

نیہا لگا کے میں پچھتائی

ساری ساری رینا ندیا نہ آئی

جان کے دیکھو میرے جی کی بتیاں

پیا جانے نا

ہائے

کیسے دن بیتے کیسے بیتی رتیاں

پیا جانے نا

رت متوالی آ کے چلی جائے

رت متوالی آ کے چلی جائے

من میں ہی میرے من کی رہی جائے

کھلنے کو ترسیں ننھی ننھی کلیاں

پیا جانے نا

ہائے

کیسے دن بیتے کیسے بیتی رتیاں

پیا جانے نا

گجرا نہ سوہے گجرا نہ سوہے

گجرا نہ سوہے گجرا نہ سوہے

برکھا نہ بھائے بدرا نہ سوہے

کیا کہوں جو پوچھیں موسے موری سکھیاں

پیا جانے نا

ہائے

کیسے دن بیتے کیسے بیتی رتیاں

پیا جانے نا

***

فلم : چوری چوری

آوازیں : لتا منگیشکر، مکیش

لتا : جہاں میں جاتی ہوں ، وہیں چلے آتے ہو

چوری چوری میرے دل میں سماتے ہو

یہ تو بتاؤ کہ تم میرے کون ہو

مکیش : دل سے دل کی لگن کی یہ بات ہے

پیار کی راہ جتن کی یہ بات ہے

مجھ سے نہ پوچھو کہ تم میرے کون ہو

لتا : ہو، میں تو شور مچاؤں گی ، شور مچاؤں گی

میں تو شور مچاؤں گی ، شور مچاؤں گی

کرنی تمہاری سب کو بتاؤں گی

خیر جو چاہو چلے جاؤ میرے در سے

چھوڑو یہ آنا جانا دل کی ڈگر سے

یہ تو بتاؤ کہ تم میرے کون ہو۔۔۔

مکیش : دل سے دل کی لگن کی یہ بات ہے

پیار کی راہ جتن کی یہ بات ہے

مجھ سے نہ پوچھو کہ تم میرے کون ہو

مکیش : ہو، میں نے کیا برا کیا ہے، کیا برا کیا ہے

دل دے کر ہی دل لے لیا ہے

دل دے کر ہی دل لے لیا ہے

کسی بڑے گیانی دھیانی کو بلاؤ

ابھی ابھی یہیں فیصلہ کراؤ

مجھ سے نہ پوچھو کہ تم میرے کون ہو۔۔۔

لتا : جہاں میں جاتی ہوں ، وہیں چلے آتے ہو

چوری چوری میرے دل میں سماتے ہو

یہ تو بتاؤ کہ تم میرے کون ہو

لتا : ہو، دل ہی جب ہوئے دیوانے ، جب ہوئے دیوانے

مکیش : کہنا ہمارا اب کون مانے

کہنا ہمارا اب کون مانے

لتا : جہاں میں جاتی ہوں ، وہیں چلے آتے ہو

چوری چوری میرے دل میں سماتے ہو

یہ تو بتاؤ کہ تم میرے کون ہو

مکیش : دل سے دل کی لگن کی یہ بات ہے

پیار کی راہ جتن کی یہ بات ہے

مجھ سے نہ پوچھو کہ تم میرے کون ہو۔۔۔

***

فلم : اپنے ہوئے پرائے

آواز: لتا منگیشکر، ساتھی

لتا : بہار بن کے وہ مسکرائے ہمارے گلشن میں

بہار بن کے وہ مسکرائے ہمارے گلشن میں

بادِ صبا تو نہ آئے تو کیا

کالی گھٹا تو نہ چھائے تو کیا

کورس : بہار بن کے وہ مسکرائے ہمارے گلشن میں

بہار بن کے وہ مسکرائے ہمارے گلشن میں

لتا : بادِ صبا تو نہ آئے تو کیا

کالی گھٹا تو نہ چھائے تو کیا

مرے دل کی راہوں پہ مرے سنگ سنگ آ

کورس : مرے دل کی راہوں پہ مرے سنگ سنگ آ

مرے دل کی راہوں پہ مرے سنگ سنگ آ

لتا : تجھ کو دکھلا دوں میں ہمدم اپنا

کورس : تجھ کو دکھلا دوں میں ہمدم اپنا

رنگوں بھری دنیا میری، میرا پیار پہلا

کورس : بادِ صبا تو نہ آئے تو کیا

کالی گھٹا تو نہ چھائے تو کیا

لتا : چھپ کے کوئی آیا ہے جب سے دل میں

کورس : چھپ کے کوئی آیا ہے جب سے دل میں

چھپ کے کوئی آیا ہے جب سے دل میں

لتا : ہر دن نئی ہلچل ہے مری محفل میں

کورس : ہر دن نئی ہلچل ہے مری محفل میں

لتا : دھڑکن مری گانے لگی، اب یہ گیت ان کا

کورس : بادِ صبا تو نہ آئے تو کیا

کالی گھٹا تو نہ چھائے تو کیا

لتا : متوالی ڈولوں میں کھوئی سپنوں میں

کورس : اب متوالی ڈولوں میں کھوئی سپنوں میں

لتا : اب میرا دل لاگے نا مرے اپنوں میں

کورس : اب میرا دل لاگے نا مرے اپنوں میں

لتا : کیا مل گیا، کیا کھو گیا، دل ہی جانے میرا

کورس : بادِ صبا تو نہ آئے تو کیا

کالی گھٹا تو نہ چھائے تو کیا

لتا : بہار بن کے وہ مسکرائے ہمارے گلشن میں

بہار بن کے وہ مسکرائے ہمارے گلشن میں

بادِ صبا تو نہ آئے تو کیا

کالی گھٹا تو نہ چھائے تو کیا

کورس : بادِ صبا تو نہ آئے تو کیا

کالی گھٹا تو نہ چھائے تو کیا

***

فلم : اراؤنڈ دا ورلڈ

آواز : منا ڈے

جوشِ جوانی ہائے رے ہائے

نکلے جدھر سے دھوم مچائے

دنیا کا میلہ ، میں ہوں ، اکیلا

کتنا اکیلا ہوں ، میں

جوشِ جوانی ہائے رے ہائے

نکلے جدھر سے دھوم مچائے

دنیا کا میلہ ، میں ہوں ، اکیلا

کتنا اکیلا ہوں ، میں

شام کا رنگیں شوخ نظارا

اور بیچارہ یہ دل

ڈھونڈ کے ہارا، کوئی سہارا

پر نہ ملی منزل

جوشِ جوانی ہائے رے ہائے

نکلے جدھر سے دھوم مچائے

دنیا کا میلہ، میں ہوں، اکیلا

کتنا اکیلا ہوں، میں

کوئی تو ہم سے دو بات کرتا

کوئی تو کہتا ہلو

گھر نہ بلاتا پر یہ تو کہتا

کچھ دور تک سنگ چلو

جوشِ جوانی ہائے رے ہائے

نکلے جدھر سے دھوم مچائے

دنیا کا میلہ، میں ہوں، اکیلا

کتنا اکیلا ہوں، میں

بیکار گزرے ہم اس طرف سے

بیکار تھا یہ سفر

اب در بہ در کی کھاتے ہیں ٹھوکر

راجہ جو تھے اپنے گھر

جوشِ جوانی ہائے رے ہائے

نکلے جدھر سے دھوم مچائے

دنیا کا میلہ، میں ہوں، اکیلا

کتنا اکیلا ہوں، میں

***

فلم : بادل

آوازیں : لتا منگیشکر، مکیش

لتا : اے دل نہ مجھ سے چھپا

سچ بتا، کیا ہوا

اے دل نہ مجھ سے چھپا

سچ بتا، کیا ہوا

مکیش : جانے بھی دو دلربا

جو ہوا، سو ہوا

جانے بھی دو دلربا

جو ہوا، سو ہوا

لتا : تارے گنے رات بھر

جانے کب یاد میں سو گئی

وہ خواب تھا مد بھرا

جس میں بیہوش میں کھو گئی

کوئی نیند میں، ہم سے روٹھ کے

ہم کو لوٹ کے چل دیا

کوئی نیند میں، ہم سے روٹھ کے

ہم کو لوٹ کے چل دیا

مکیش : جانے بھی دو دلربا

جو ہوا، سو ہوا

جانے بھی دو دلربا

جو ہوا، سو ہوا

مکیش : کھڑکی نہ چھوڑو کھلی

پیار کے چور ہیں تاک میں

کتنوں کی چوری ہوئی

مد بھری چاندنی رات میں

ایسے مرض کی، دل کے درد کی

دل کا درد ہی ہے دوا

ایسے مرض کی، دل کے درد کی

دل کا درد ہی ہے دوا

لتا : اے دل نہ مجھ سے چھپا

سچ بتا، کیا ہوا

اے دل نہ مجھ سے چھپا

سچ بتا، کیا ہوا

لتا : باتیں بناؤ نہ جی

رازتو آپکے کھل گئے

مکیش : آنکھیں چراؤ نہ جی

نین سے نین تو مل گئے

لتا : کیا برا ہوا، دل مچل گیا

گھر بدل گیا آپ کا

کیا برا ہوا، دل مچل گیا

گھر بدل گیا آپ کا

مکیش : جانے بھی دو دلربا

جو ہوا، سو ہوا

لتا : اے دل نہ مجھ سے چھپا

سچ بتا، کیا ہوا

* * *

فلم : بے گناہ

آواز : مکیش

اے پیا سے دل بے زباں تجھ کو لے جاؤں کہاں

اے پیا سے دل بے زباں تجھ کو لے جاؤں کہاں آ۔۔۔

آگ کو آگ میں ڈھال کے کب تک جی بہلائے گا

اے پیا سے دل بے زباں

گھٹا جھکی اور ہوا چلی تو ہم نے کسی کو یاد کیا

چاہت کے ویرانے کو ان کے غم سے آباد کیا

گھٹا جھکی اور ہوا چلی تو ہم نے کسی کو یاد کیا

چاہت کے ویرانے کو ان کے غم سے آباد کیا

اے پیاسے دل بے زباں موسم کی یہ مستیاں آ۔۔۔

آگ کو آگ میں ڈھال کے کب تک جی بہلائے گا

اے پیاسے دل بے زباں

تارے نہیں انگارے ہیں وہ اب چاند بھی جیسے جلتا ہے

نیند کہاں سینہ پہ کوئی بھاری قدموں سے چلتا ہے

تارے نہیں انگارے ہیں وہ اب چاند بھی جیسے جلتا ہے

نیند کہاں سینہ پہ کوئی بھاری قدموں سے چلتا ہے

اے پیاسے دل بے زباں درد ہے تیری داستاں آ۔۔۔

آگ کو آگ میں ڈھال کے کب تک جی بہلائے گا

اے پیاسے دل بے زباں

کہاں وہ دن اب کہاں وہ راتیں تم روٹھے قسمت روٹھی

غیر سے بھید چھپانے کو ہم ہنستے پھرے ہنسی چھٹی

اے پیاسے دل بے زباں لٹ کے رہا تیرا جہاں آ۔۔۔

آگ کو آگ میں ڈھال کے کب تک جی بہلائے گا

اے پیاسے دل بے زباں

***

فلم : میری صورت تیری آنکھیں

موسیقار : سچن دیو برمن

آواز : منا ڈے

پوچھو نہ کیسے میں نے رین بتائی

اک پل جیسے ، اک یگ بیتا

اک پل جیسے ، اک یگ بیتا

یگ بیتے موہے نیند نہ آئی

پوچھو نہ کیسے میں نے رین بتائی

نہ کہیں چندا ، نہ کہیں تارے

جیوت کے پیاسے میرے ، نین بچارے

نہ کہیں چندا ، نہ کہیں تارے

جیوت کے پیاسے میرے ، نین بچارے

بھور بھی آس کی کرن نہ لائی

پوچھو نہ کیسے میں نے رین بتائی

اک جلے دیپک اک من میرا، میرا، من ، میرا، میرا۔۔۔

اک جلے دیپک اک من میرا

پھر بھی نہ جائے میرے گھر کا اندھیرا

تڑپت ترست عمر گنوائی

پوچھو نہ کیسے میں نے رین بتائی

***

آوازیں : محمد رفیع، لتا منگیشکر

رفیع : آ۔۔۔۔ آ۔۔۔۔۔۔

تیرے بن سونے

تیرے بن سونے نین ہمارے

ہائے !تیرے بن سونے

باٹ تکت گئے سانجھ سکھارے

ہائے !تیرے بن سونے

رات جو آئے ڈھل جائے پیاسی

رات جو آئے ڈھل جائے پیاسی

دن کا ہے دوجا نام اداسی

نندیا نہ آئے

نندیا نہ آئے اب میرے دوارے

ہائے !تیرے بن سونے نین ہمارے

تیرے بن سونے۔۔۔

جگ میں رہا میں جگ سے پرایا

جگ میں رہا میں جگ سے پرایا

سایا بھی میرا میرے ساتھ نہ آیا

ہنسنے کے دن بھی رو کے گزارے

ہائے !تیرے بن سونے نین ہمارے

تیرے بن سونے۔۔۔

لتا: آ آ

اوان دیکھے، اوانجانے

اوان دیکھے، اوانجانے

چھپ کے نہ گایہ پریم ترانے

کون ہے تو موہے

کون ہے تو موہے اب تو بتا رے

ہائے! تیرے بن سونے نین ہمارے

تیرے بن سونے

***

فلم : بیٹی بیٹے

آواز : لتا منگیشکر

آج کل میں ڈھل گیا، دن ہوا تمام

تو بھی سو جا، سو گئی، رنگ بھری شام

آج کل میں ڈھل گیا، دن ہوا تمام

سو گیا چمن چمن، سو گئی کلی کلی

سو گئے ہیں سب نگر، سو گئی گلی گلی

نیند کہہ رہی ہے چل، میری بانہہ تھام

تو بھی سو جا، سو گئی، رنگ بھری شام

آج کل میں ڈھل گیا، دن ہوا تمام

ہے بجھا بجھا سا دل، بوجھ سانس سانس پر

جی رہے ہیں پھر بھی ہم، صرف کل کی آس پر

کہہ رہی ہے چاندنی، لے کے تیرا نام

تو بھی سو جا، سو گئی، رنگ بھری شام

آج کل میں ڈھل گیا، دن ہوا تمام

کون آئے گا ادھر، کس کی راہ دیکھیں ہم

جن کی آہٹیں سنی، جانے کس کے تھے قدم

اپنا کوئی بھی نہیں، اپنے تو ہیں رام

تو بھی سو جا، سو گئی، رنگ بھری شام

آج کل میں ڈھل گیا، دن ہوا تمام

***

فلم : برہمچاری

آواز : محمد رفیع

میں گاؤں تم سو جاؤ

میں گاؤں تم سو جاؤ

سکھ سپنوں میں کھو جاؤ

میں گاؤں تم سو جاؤ

مانا آج کی رات ہے لمبی

مانا دن تھا بھاری

پر جگ بدلا بدلے گی

ایک دن تقدیر ہماری

اس دن کے خواب سجاؤ

میں گاؤں تم سو جاؤ

سکھ سپنوں میں کھو جاؤ

میں گاؤں تم سو جاؤ

کل تم جب آنکھیں کھولو گے

جب ہو گا اجیارا

خوشیوں کا سندیشا لے کر

آئے گا سویرا پیارا

مت آس کے دیپ بجھاؤ،

میں گاؤں تم سو جاؤ

سکھ سپنوں میں کھو جاؤ

میں گاؤں تم سو جاؤ

جی کرتا ہے جیتے جی

میں یوں ہی گاتا جاؤں

گردش میں تھکے ہاتھوں کا

ماتھا سہلاتا جاؤں

پھر اک دن تم دہراؤ،

میں گاؤں تم سو جاؤ

سکھ سپنوں میں کھو جاؤ

میں گاؤں تم سو جاؤ

***

فلم : بزدل

موسیقار : سچن دیو برمن

آواز : لتا منگیشکر

جھن جھن جھن جھن پائل باجے

کیسے جاؤں پی سے ملن کو

کیسے جاؤں پی سے ملن کو

لاج کی ماری مروں ، کون جتن کروں ۔ ۔ ۔ راما

جھن جھن جھن جھن پائل ۔ ۔ ۔

باجے ۔ ۔ ۔ ۔ جھن جھن جھن جھن پائل ۔ ۔ ۔

پار جگر کے ، بان ورہ کا ، کاجر کاری رین

ات کجرارے بدرا برسے ، ات برسے مورے نین

پاؤں میں بیڑی لاج کی ، تڑپ تڑپ رہ جاؤں

میں دنیا کی ریت نبھاؤں، یا میں پریت نبھاؤں۔۔۔۔ راما

جھن جھن جھن جھن پائل۔۔۔

باجے۔۔۔۔ جھن جھن جھن جھن پائل۔۔۔

غم سے بھرا دل، بوجھا بھاری، ہم سے چلا نہ جائے

قدم قدم موری چنری الجھے اور کانٹا لگ جائے

آنچل میں اک دیپ چھپائے

نکلی جوگن گھر سے، پیا کی، نکلی جوگن گھر سے

آیا پون جھکورا، دیپک تھر تھر کانپے ڈر سے

نکلی جوگن گھر سے، پیا کی، نکلی جوگن گھر سے

جھن جھن جھن جھن جھن جھن جھن۔۔۔ راما

جھن جھن جھن جھن پائل باجے

جھن جھن جھن جھن جھن جھن جھن

جھن جھن جھن جھن جھن پائل باجے باجے باجے

***

فلم : چھوٹے نواب

موسیقار : راہل دیو برمن

آواز : محمد رفیع

الٰہی تو سن لے ہماری دعا

ہمیں صرف اک آسرا ہے تیرا

تری رحمتیں راہ روشن کریں

سلامت رہے سایا ماں باپ کا

الٰہی تو سن لے ہماری دعا

ہمیں صرف اک آسرا ہے تیرا

ہم سے لے کر عمر ساری نیند دے دے انہیں

درد ان کے دے دے ہمیں

بری یہ گھڑی ٹال دے اے خدا

الٰہی تو سن لے ہماری دعا

ہمیں صرف اک آسرا ہے تیرا

ناز اٹھائے جس نے پالا پیار ہر دم دیا

ہو نہ ہم سے وہ جدا

تو امید کا یہ دیا مت بجھا

الٰہی تو سن لے ہماری دعا

ہمیں صرف اک آسرا ہے تیرا

سوا تیرے مالک میرا کون ہے یہاں

بے وفا یہ ہے جہاں

کہیں تو بھی ہم کو نہ دینا بھلا

الٰہی تو سن لے ہماری دعا

ہمیں صرف اک آسرا ہے تیرا

***

فلم : چھوٹی بہن

آواز : مکیش

جاؤں کہاں بتا اے دل

دنیا بڑی ہے سنگدل

چاندنی آئی گھر جلانے

سوجھے نہ کوئی منزل

جاؤں کہاں بتا اے دل

دنیا بڑی ہے سنگدل

چاندنی آئی گھر جلانے

سوجھے نہ کوئی منزل

جاؤں کہاں بتا اے دل

بن کے ٹوٹے یہاں آرزو کے محل

یہ زمیں آسماں بھی گئے ہیں بدل

کہتی ہے زندگی اس جہاں سے نکل

کہتی ہے زندگی اس جہاں سے نکل

جاؤں کہاں بتا اے دل

دنیا بڑی ہے سنگدل

چاندنی آئی گھر جلانے

سوجھے نہ کوئی منزل

جاؤں کہاں بتا اے دل

ہائے اس پار تو آنسوؤں کی ڈگر

جانے اس پار کیا وہ کسے ہے خبر

ٹھوکریں کھا رہی ہر قدم پر نظر

ٹھوکریں کھا رہی ہر قدم پر نظر

جاؤں کہاں بتا اے دل

دنیا بڑی ہے سنگدل

چاندنی آئی گھر جلانے

سوجھے نہ کوئی منزل

جاؤں کہاں بتا اے دل

***

فلم : چھوٹی چھوٹی باتیں

موسیقار : انل بشواس

آواز : مینا کپور

کچھ اور زمانہ کہتا ہے ، کچھ اور ہے ضد میرے دل کی

میں بات زمانہ کی مانوں ، یا بات سنوں اپنے دل کی

کچھ اور زمانا کہتا ہے۔۔۔۔

دنیا نے ہمیں بے رحمی سے ٹھکرا جو دیا ، اچھا ہی کیا

ناداں ہم سمجھے بیٹھے تھے نبھتی ہے یہاں دل سے دل کی

کچھ اور زمانا کہتا ہے۔۔۔

انصاف، محبت، سچائی وہ رحم و کرم کے دکھلاوے

کچھ کہتے زباں شرماتی ہے پوچھو نہ جلن میرے دل کی

کچھ اور زمانا کہتا ہے۔۔۔

گو بستی ہے انسانوں کی انسان مگر ڈھونڈھے نہ ملا

پتھر کے بتوں سے کیا کیجے فریاد بھلا ٹوٹے دل کی

کچھ اور زمانا کہتا ہے۔۔۔

***

فلم : داغ

آواز : طلعت محمود

اے میرے دل کہیں اور چل

غم کی دنیا سے دل بھر گیا

ڈھونڈھ لے اب کوئی گھر نیا

اے میرے دل کہیں اور چل

چل جہاں غم کے مارے نہ ہوں

جھوٹی آشا کے تارے نہ ہوں

چل جہاں غم کے مارے نہ ہوں

جھوٹی آشا کے تارے نہ ہوں

جھوٹی آشا کے تارے نہ ہوں

ان بہاروں سے کیا فائدہ

جس میں دل کی کلی جل گئی

زخم پھر سے ہرا ہو گیا

اے میرے دل کہیں اور چل

چار آنسو کوئی رو دیا

پھیر کے منہ کوئی چل دیا

چار آنسو کوئی رو دیا

پھیر کے منہ کوئی چل دیا

پھیر کے منہ کوئی چل دیا

لٹ رہا تھا کسی کا جہاں

دیکھتی رہ گئی یہ زمیں

چپ رہا بے رحم آسماں

اے میرے دل کہیں اور چل

غم کی دنیا سے دل بھر گیا

ڈھونڈھ لے اب کوئی گھر نیا

اے میرے دل کہیں اور چل

***

فلم : دل اپنا اور پریت پرائی

آواز : لتا منگیشکر

عجیب داستاں ہے یہ کہاں شروع کہاں ختم

یہ منزلیں ہے کون سی نہ وہ سمجھ سکے نہ ہم

عجیب داستاں ہے یہ کہاں شروع کہاں ختم

یہ منزلیں ہے کون سی نہ وہ سمجھ سکے نہ ہم

یہ روشنی کے ساتھ کیوں دھواں اٹھا چراغ سے

یہ روشنی کے ساتھ کیوں دھواں اٹھا چراغ سے

یہ خواب دیکھتی ہوں، میں کہ جگ پڑی ہوں خواب سے

عجیب داستاں ہے یہ کہاں شروع کہاں ختم

یہ منزلیں ہے کون سی نہ وہ سمجھ سکے نہ ہم

کسی کا پیار لے کے تم نیا جہاں بساؤ گے

کسی کا پیار لے کے تم نیا جہاں بساؤ گے

یہ شام جب بھی آئے گی تم ہم کو یاد آؤ گے

عجیب داستاں ہے یہ کہاں شروع کہاں ختم

یہ منزلیں ہے کون سی نہ وہ سمجھ سکے نہ ہم

مبارکیں تمہیں کہ تم کسی کے نور ہو گئے

مبارکیں تمہیں کہ تم کسی کے نور ہو گئے

کسی کے اتنے پاس ہو کہ سب سے دور ہو گئے

عجیب داستاں ہے یہ کہاں شروع کہاں ختم

یہ منزلیں ہے کون سی نہ وہ سمجھ سکے نہ ہم

***

آواز: لتا منگیشکر

دل اپنا اور پریت پرائی

کس نے ہے یہ ریت بنائی

آندھی میں ایک دیپ جلایا

اور پانی میں آگ لگائی

دل اپنا۔۔۔

ہے درد ایسا کہ سہنا ہے مشکل

دنیا والوں سے کہنا ہے مشکل

گھر کے آیا ہے طوفان ایسا

بچ کے ساحل سے رہنا ہے مشکل

دل اپنا اور پریت پرائی

کس نے ہے یہ ریت بنائی

دل اپنا۔۔۔

دل کو سنبھالا نہ دامن بچایا

پھیلی جب آگ تب ہوش آیا

غم کے مارے پکاریں کسے ہم

ہم سے بچھڑا ہمارا بھی سایا

دل اپنا اور پریت پرائی

کس نے ہے یہ ریت بنائی

دل اپنا۔۔۔

***

فلم : دل تیرا دیوانا

آواز : لتا منگیشکر، محمد رفیع

رفیع : مجھے کتنا پیار ہے تم سے، اپنے ہی دل سے پوچھو تم

جسے دل دیا ہے وہ تم ہو، میری زندگی تمہاری ہے

لتا : مجھے کتنا پیار ہے تم سے، اپنے ہی دل سے پوچھو تم

جسے دل دیا ہے وہ تم ہو، مری زندگی تمہاری ہے

رفیع : چاہت نے تیری مجھ کو کچھ اس طرح سے گھیرا

دن کو ہیں تیرے چرچے، راتوں کو خواب تیرا

لتا : تم ہو جہاں وہیں پر، رہتا ہے دل بھی میرا

بس اک خیال تیرا، کیا شام کیا سویرا

رفیع : مجھے کتنا پیار ہے تم سے ، اپنے ہی دل سے پوچھو تم

جسے دل دیا ہے وہ تم ہو، مری زندگی تمہاری ہے

لتا : یہ دنیا کیسے بدلی ، کچھ بھی سمجھ نہ آئے

کیوں کر ہوئے وہ اپنے، کل تک تھے جو پرائے

رفیع : دل کی لگن ہو سچی ، پھر کیوں نہ رنگ لائے

میرے تھے تم سدا سے ، پر اب قریب آئے

لتا : مجھے کتنا پیار ہے تم سے ، اپنے ہی دل سے پوچھو تم

جسے دل دیا ہے وہ تم ہو، مری زندگی تمہاری ہے

رفیع : میری وفا کو اب تو، تم آزمانا چھوڑو

دل کو چرا کے میرے ، آنکھیں چرانا چھوڑو

لتا : مجھ کو بنا کے اپنا ، باتیں بنانا چھوڑو

میں کب نہ تھی تمہاری ، لیکن ستانا چھوڑو

رفیع : مجھے کتنا پیار ہے تم سے ، اپنے ہی دل سے پوچھو تم

جسے دل دیا ہے وہ تم ہو، مری زندگی تمہاری ہے

مجھے کتنا پیار ہے تم سے ، اپنے ہی دل سے پوچھو تم

جسے دل دیا ہے وہ تم ہو، میری زندگی تمہاری ہے

دونوں : مجھے کتنا پیار ہے تم سے ، اپنے ہی دل سے پوچھو تم

جسے دل دیا ہے وہ تم ہو، میری زندگی تمہاری ہے

***

فلم : دو بیگھا زمین

موسیقار : سلیل چودھری

آوازیں : لتا منگیشکر، مکیش اور ساتھی

مکیش : بھائی رے

گنگا اور جمنا کی گہری ہے دھار

آگے یا پیچھے سب کو جانا ہے پار

دھرتی کہے پکار کے، بیج بچھا لے پیار کے

موسم بیتا جائے، موسم بیتا جائے

کورس : موسم بیتا جائے، موسم بیتا جائے

موسم بیتا جائے، موسم بیتا جائے

مکیش : اپنی کہانی چھوڑ جا، کچھ تو نشانی چھوڑ جا

کون کہے اس اور تو پھر آئے نہ آئے

کورس : موسم بیتا جائے ، موسم بیتا جائے

موسم بیتا جائے ، موسم بیتا جائے

لتا : تیری راہ میں کلیوں نے نین بچھائے

ڈالی ڈالی کوئل کالی تیرے گیت گائے

تیرے گیت گائے

اپنی کہانی چھوڑ جا ، کچھ تو نشانی چھوڑ جا

کون کہے اس اور تو پھر آئے نہ آئے

کورس : موسم بیتا جائے ، موسم بیتا جائے

موسم بیتا جائے ، موسم بیتا جائے

مکیش : ہو بھائی رے

نیلا امبر مسکائے ، ہر سانس ترانے گائے

ہائے تیرا دل کیوں مرجھائے

کورس : ہو ہو ہو ہو ہو

من کی بنشی پہ تو بھی کوئی دھن بجالے بھائی

تو بھی مسکرالے

مکیش، لتا : اپنی کہانی چھوڑ جا، کچھ تو نشانی چھوڑ جا

کون کہے اس اور تو پھر آئے نہ آئے

مکیش : ہو بھائی رے ، بھائی رے ، بھائی رے ، ہو و

کورس : موسم بیتا جائے ، موسم بیتا جائے

موسم بیتا جائے ، موسم بیتا جائے

***

آواز: لتا منگیشکر

آ جا ری آ ندیا تو آ

آ جا ری آ ندیا تو آ

آ جا ری آ ندیا تو آ

آ جا ری آ ندیا تو آ

جھلمل ستاروں سے اتر آ نکھوں میں آ سپنے سجا۔۔۔ آ

آ جا ری آ ندیا تو آ

سوئی کلی سویا چمن پیپل تلے سوئی ہوا

سب رنگ اک رنگ میں تو نے یہ کیا جادو کیا۔۔۔ آ

آ جا ری آ ندیا تو آ

آجاری آندیا تو آ

سنسار کی رانی ہے تو راجا ہے میرا لاڈلا

دنیا ہے میری گود میں سویا ہوا سپنا میرا،۔۔۔آ

آجاری آندیا تو آ

آجاری آندیا تو آ

***

فلم : دور گگن کی چھاؤں میں

موسیقار : کشور کمار

آواز : کشور کمار

البیلے دن پیارے ، میرے بچھڑے ساتھی سارے

ہائے !کہاں گئے ، ہائے !کہاں گئے

کوئی لوٹا دے میرے ، بیتے ہوئے دن

کوئی لوٹا دے میرے ، بیتے ہوئے دن

بیتے ہوئے دن وہ ہائے ، پیارے پل چھن

کوئی لوٹا دے میرے ، بیتے ہوئے دن

کوئی لوٹا دے میرے ، بیتے ہوئے دن

میں اکیلا تو نہ تھا ، تھے میرے ساتھی کئی

ایک آندھی سی اٹھی ، جو بھی تھا لے کے گئی

آج میں ڈھونڈھوں کہاں، کھو گئے جانے کدھر

آج میں ڈھونڈھوں کہاں، کھو گئے جانے کدھر

بیتے ہوئے دن وہ ہائے، پیارے پل چھن

کوئی لوٹا دے میرے، بیتے ہوئے دن

کوئی لوٹا دے میرے، بیتے ہوئے دن

میرے خوابوں کے نگر، میرے سپنوں کے شہر

پی لیا جن کے لئے، میں نے جیون کا زہر

ایسے بھی دن تھے کبھی، میری دنیا تھی میری

ایسے بھی دن تھے کبھی، میری دنیا تھی میری

بیتے ہوئے دن وہ ہائے، پیارے پل چھن

کوئی لوٹا دے میرے، بیتے ہوئے دن

کوئی لوٹا دے میرے، بیتے ہوئے دن

***

آوازیں : منا ڈے، کشور کمار

راہی تو مت رک جانا، طوفاں سے مت گھبرانا

کبھی تو ملے گی تیری منزل

کہیں دور گگن کی چھاؤں میں

کہیں دور گگن کی چھاؤں میں

مانا کہ گہری ہے دھارا

پر ہے کہیں تو کنارا

تو بھی ملا آشا کے سر میں

من کا یہ ایک تارا

کبھی تو ملے گی تیری منزل

کہیں دور گگن کی چھاؤں میں

کہیں دور گگن کی چھاؤں میں

سب کا ہے اوپر والا

سب کو اسی نے سنبھالا

جب بھی گھرے غم کا اندھیرا

اس نے کیا اجیالا

کبھی تو ملے گی تیری منزل

کہیں دور گگن کی چھاؤں میں

کہیں دور گگن کی چھاؤں میں

راہی تو مت رک جانا، طوفاں سے مت گھبرانا

کبھی تو ملے گی تیری منزل

کہیں دور گگن کی چھاؤں میں

کہیں دور کہیں دور کہیں دور کہیں دور

***

فلم : ایک گاؤں کی کہانی

موسیقار : سلیل چودھری

آواز : طلعت محمود

طلعت : جھومے رے ، نیلا امبر جھومے ، دھرتی کو چومے رے

تم کو یاد کر کے ، میرا دل بھی جھومے

آہاہاہاہا۔۔۔آ۔۔۔آ۔۔۔۔آ۔۔۔۔

ہوں ہوں ہوں ہوں۔۔۔آ۔۔آ۔۔۔آ۔۔۔

کس کے اشارے مجھ کو یہاں لے آئے

کس کے اشارے مجھ کو یہاں لے آئے

کس کی ہنسی نے راہ میں پھول کھلائے

امبر کی ڈالی ڈالی، گائے کوئل کالی

امبر کی ڈالی ڈالی، گائے کوئل کالی

میرا دل بھی جھومے

میرا دل بھی جھومے

جھومے رے، نیلا امبر جھومے، دھرتی کو چومے رے

ایسے میں جو ملتا ہو بانہوں کا سہارا

ایسے میں جو ملتا ہو بانہوں کا سہارا

اور مچل اٹھتا یہ ندی کا کنارا

ندیا کا پانی سنتا، پیار کی کہانی

ندیا کا پانی سنتا، پیار کی کہانی

میرا دل بھی جھومے

آہاہاہاہاہا۔۔۔

ہوں ہوں ہوں

آہاہاہاہا۔۔۔

ہوں ہوں ہوں

جھومے رے، نیلا امبر جھومے، دھرتی کو چومے رے

آہاہاہاہا۔۔۔

ہوں ہوں ہوں

***

آواز: طلعت محمود

رات نے کیا کیا خواب دکھائے

رنگ بھرے سو جال بچھائے

آنکھیں کھلی تو سپنے ٹوٹے

رہ گئے غم کے کالے سائے

رات نے کیا کیا خواب دکھائے

ہو۔۔۔ ہم نے تو چاہا بھول بھی جائیں

وہ افسانہ کیوں دہرائیں

ہم نے تو چاہا بھول بھی جائیں

وہ افسانہ کیوں دہرائیں

دل رہ رہ کے یاد دلائے

رات نے کیا کیا خواب دکھائے

دل میں دل کا درد چھپائے

چلو جہاں قسمت لے جائے

دل میں دل کا درد چھپائے

چلو جہاں قسمت لے جائے

دنیا پرائی لوگ پرائے

رات نے کیا کیا خواب دکھائے

رنگ بھرے سو جال بچھائے

آنکھیں کھلی تو سپنے ٹوٹے

رہ گئے غم کے کالے سائے

رات نے کیا کیا خواب دکھائے

***

فلم : ہلاکو

آواز : محمد رفیع ، لتا منگیشکر

رفیع : آجا کہ انتظار میں ، جانے کو ہے بہار بھی

تیرے بغیر زندگی ، درد بن کے رہ گئی

آجا کہ انتظار میں ، جانے کو ہے بہار بھی

ارمان لئے بیٹھے ہیں ہم

سینہ میں ہے تیرا ہی غم

ارمان لئے بیٹھے ہیں ہم

سینہ میں ہے تیرا ہی غم

تیرے دل سے پیار کی وہ تڑپ کدھر گئی

آجا کہ انتظار میں ، جانے کو ہے بہار بھی

تیرے بغیر زندگی ، درد بن کے رہ گئی

آجا کہ انتظار میں، جانے کو ہے بہار بھی

آجا کہ انتظار میں

لتا : آ۔۔۔

دل کی صدا پہ اے صنم

بڑھتے گئے میرے قدم

دل کی صدا پہ اے صنم

بڑھتے گئے میرے قدم

اب تو چاہے جو بھی ہو دل تجھے میں دے چکی

آجا کہ انتظار میں، جانے کو ہے بہار بھی

آجا کہ انتظار میں، جانے کو ہے بہار بھی

تیرے بغیر زندگی، درد بن کے رہ گئی

آجا کہ انتظار میں، جانے کو ہے بہار بھی

***

فلم : ہرے کانچ کی چوڑیاں

آواز : آشا بھوسلے

دھانی چنری پہن ، سج کے بن کے دلہن

جاؤں گی ان کے گھر ، من میں ان کی لگن

گیت میں میرا من

کچھ نہ بولوں گی میں ، مکھ نہ کھولوں گی میں

بج اٹھیں گی ہرے ، کانچ کی چوڑیاں

بج اٹھیں گی ہرے ، کانچ کی چوڑیاں

کانچ کی چوڑیاں

کانچ کی چوڑیاں

کانچ کی چوڑیاں

چھوٹے ماتا پتا، چھوٹے وہ بال پن

کھیلی میں جن کے سنگ، پورے سولہ ساون

دے کے تن اور من۔۔۔

دے کے تن اور من، میں مناؤں سجن،

تیری باہوں میں ہو، میرا جیون مرن

وعدہ لیں گی ہرے، کانچ کی چوڑیاں

بج اٹھیں گی ہرے، کانچ کی چوڑیاں

کانچ کی چوڑیاں

کانچ کی چوڑیاں

کانچ کی چوڑیاں

دو سلونے وچن، تم کو میری قسم

یہ قسم پیار کی، یہ رسم پیار کی

اب نبھانا سجن۔۔۔

اب نبھانا سجن، مت بھلانا سجن

جاؤ پردیس تو، جلدی آنا سجن

وعدہ لیں گی ہرے، کانچ کی چوڑیاں

بج اٹھیں گی ہرے، کانچ کی چوڑیاں

کانچ کی چوڑیاں

کانچ کی چوڑیاں

کانچ کی چوڑیاں

***

فلم : ہریالی اور راستہ

آواز : مکیش، لتا منگیشکر

مکیش : لاکھوں تارے آسمان میں، ایک مگر ڈھونڈھے نہ ملا

دیکھ کے دنیا کی دیوالی، دل میرا چپ چاپ جلا

دل میرا چپ چاپ جلا۔۔۔

لتا : لاکھوں تارے آسمان میں، ایک مگر ڈھونڈھے نہ ملا

دیکھ کے دنیا کی دیوالی، دل میرا چپ چاپ جلا

دل میرا چپ چاپ جلا۔۔۔

مکیش : قسمت کا ہے نام مگر، ہے کام یہ دنیا والوں کا

پھونک دیا ہے چمن ہمارے خوابوں اور خیالوں کا

جی کرتا ہے خود ہی گھونٹ دیں، اپنے ارمانوں کا گلا

دیکھ کے دنیا کی دیوالی، دل میرا چپ چاپ جلا

دل میرا چپ چاپ جلا۔۔۔

لتا: سو سو صدیوں سے لمبی یہ غم کی رات نہیں ڈھلتی

اس اندھیارے کے آگے اب اے دل ایک نہیں چلتی

ہنستے ہی لٹ گئی چاندنی، اور اٹھتے ہی چاند ڈھلا

دیکھ کے دنیا کی دیوالی، دل میرا چپ چاپ جلا

دل میرا چپ چاپ جلا۔۔۔

مکیش: موت ہے بہتر اس حالت سے، نام ہے جس کا مجبوری

لتا : کون مسافر طے کرپایا، دل سے دل کی یہ دوری

مکیش : کانٹوں ہی کانٹوں سے گزرا، جوراہی اس راہ چلا

دیکھ کے دنیا کی دیوالی، دل میرا چپ چاپ جلا

دل میرا چپ چاپ جلا۔۔۔

لتا : لاکھوں تارے آسمان میں، ایک مگر ڈھونڈھے نہ ملا

دیکھ کے دنیا کی دیوالی، دل میرا چپ چاپ جلا

دل میرا چپ چاپ جلا۔۔۔

***

آواز: مکیش

تیری یاد دل سے، بھلانے چلا ہوں،

کہ خود اپنی ہستی، مٹانے چلا ہوں

کہ خود اپنی ہستی، مٹانے چلا ہوں

تیری یاد دل سے، بھلانے چلا ہوں

گھٹاؤں تمہیں ساتھ دینا پڑے گا

گھٹاؤں تمہیں ساتھ دینا پڑے گا

میں پھر آج آنسو بہانے چلا ہوں،

بہانے چلا ہوں،

تیری یاد دل سے، بھلانے چلا ہوں

تیری یاد دل سے

کبھی اس جگہ خواب دیکھے تھے میں نے

کبھی اس جگہ خواب دیکھے تھے میں نے

وہی خاک اپنی اڑانے چلا ہوں،

اڑانے چلا ہوں،

تیری یاد دل سے، بھلانے چلا ہوں

تیری یاد دل سے

***

فلم : جب سے تمہیں دیکھا ہے

موسیقار : دتا رام

آواز : محمد رفیع

ہم آپ کی محفل میں بھولے سے چلے آئے

ہم آپ کی محفل میں بھولے سے چلے آئے

ہو معاف خطا اپنی گردش کے ہیں بہکائے

ہم آپ کی محفل میں بھولے سے چلے آئے

کبھی دیکھا تھا اک سپنا انہیں سمجھے تھے ہم اپنا

پرائے ہو گئے ہیں وہ بچھڑ کر کھو گئے ہیں وہ

ہم آپ کی محفل میں بھولے سے چلے آئے

عجب ساوہ زمانا تھاوہ دھوکا بھی سہانا تھا

مگراب یاد کیا کیجے بھلا فریاد کیا کیجے

ہم آپ کی محفل میں بھولے سے چلے آئے

گلا کرنے سے کیا حاصل نہیں چاہت کے میں قابل

سمجھنا میں تھا دیوانہ بھلا دینا یہ افسانہ

ہم آپ کی محفل میں بھولے سے چلے آئے

نہ اب تجھ کو ستاؤں گا ادھر مڑکر نہ آؤں گا

میں کر کے دل کے سو ٹکڑے بچھا جاتا ہوں، اس در پہ

ہم آپ کی محفل میں بھولے سے چلے آئے

***

فلم : جس دیش میں گنگا بہتی ہے

آواز : مکیش، کورس

ہونٹوں پہ سچائی رہتی ہے

جہاں دل میں صفائی رہتی ہے

ہم اس دیش کے واسی ہیں، ہم اس دیش کے واسی ہیں

جس دیش میں گنگا بہتی ہے

جس دیش میں گنگا بہتی ہے

میہماں جو ہمارا ہوتا ہے وہ جان سے پیارا ہوتا ہے

میہماں جو ہمارا ہوتا ہے وہ جان سے پیارا ہوتا ہے

زیادہ کا نہیں لالچ ہم کو تھوڑے میں گزارا ہوتا ہے

تھوڑے میں گزارا ہوتا ہے

بچوں کے لئے جو دھرتی ماں صدیوں سے سبھی کچھ سہتی ہے

ہم اس دیش کے واسی ہیں، ہم اس دیش کے واسی ہیں

جس دیش میں گنگا بہتی ہے

جس دیش میں گنگا بہتی ہے

کچھ لوگ جو زیادہ جانتے ہیں انسان کو کم پہچانتے ہیں

کچھ لوگ جو زیادہ جانتے ہیں انسان کو کم پہچانتے ہیں

یہ پورب ہے پورب والے ہر جان کی قیمت جانتے ہیں

ہر جان کی قیمت جانتے ہیں

مل جل کے رہو اور پیار کرو ایک چیز یہی جو رہتی ہے

ہم اس دیش کے واسی ہیں، ہم اس دیش کے واسی ہیں

جس دیش میں گنگا بہتی ہے

جو جس سے ملا سکھا ہم نے غیروں کو بھی اپنایا ہم نے

جو جس سے ملا سکھا ہم نے غیروں کو بھی اپنایا ہم نے

مطلب کے لیئے اندھے ہو کر روٹی کو نہی پوجا ہم نے

روٹی کو نہی پوجا ہم نے

اب ہم تو کیا ساری دنیا ساری دنیا سے کہتی ہے

ہم اس دیش کے واسی ہیں، ہم اس دیش کے واسی ہیں

جس دیش میں گنگا بہتی ہے

جس دیش میں گنگا بہتی ہے

ہونٹوں پہ سچائی رہتی ہے جہاں دل میں صفائی رہتی ہے

ہم اس دیش کے واسی ہیں، ہم اس دیش کے واسی ہیں

جس دیش میں گنگا بہتی ہے

جس دیش میں گنگا بہتی ہے

***

آواز: لتا منگیشکر

او بسنتی پون پاگل، نہ جا رے ناجا، روکو کوئی

او بسنتی۔۔۔

بن کے پتھر ہم پڑے تھے، سونی سونی راہ میں

جی اٹھے ہم جب سے تیری، بانہہ آئی بانہہ میں

بہہ اٹھے نینوں کے کاجل، ناجا رے ناجا، روکو کوئی

او بسنتی۔۔۔

یاد کر تو نے کہا تھا، پیار سے سنسار ہے

ہم جو ہارے دل کی بازی، یہ تری ہی ہار ہے

سن یہ کیا کہتی ہے پائل، ناجا رے ناجا، روکو کوئی

او بسنتی۔۔۔

***

فلم : کالا بازار

موسیقار : سچن دیو برمن

آواز : محمد رفیع

اپنی تو ہر آہ اک طوفان ہے

کیا کرے وہ جان کر انجان ہے

اوپر والا جان کر انجان ہے

اوپر والا جان کر انجان ہے

اپنی تو ہر آہ اک طوفان ہے

اب تو ہنس کے اپنی بھی قسمت کو چمکا دے

کانوں میں کچھ کہہ دے جو اس دل کو بہلا دے

یہ بھی مشکل ہے تو کیا آسان ہے

اوپر والا جان کر انجان ہے

اپنی تو ہر آہ اک طوفان ہے

سر پہ میرے تو جو اپنا ہاتھ ہی رکھ دے

پھر تو بھٹکے راہی کو مل جائیں گے رستے

دل کی بستی بن تیرے ویران ہے

اوپر والا جان کر انجان ہے

اپنی تو ہر آہ اک طوفان ہے

دل ہی تو ہے اس نے شاید بھول بھی کی ہے

زندگی ہے بھول کر ہی راہ ملتی ہے

معاف کر بندہ بھی اک انسان ہے

اوپر والا جان کر انجان ہے

اپنی تو ہر آہ اک طوفان ہے

***

آواز : محمد رفیع

کھویا کھویا چاند، کھلا آسماں

آنکھوں میں ساری رات جائے گی

تم کو بھی کیسے نیند آئے گی، ہو

کھویا کھویا چاند

کھویا کھویا چاند

مستی بھری، ہوا جو چلی

مستی بھری، ہوا جو چلی

کھل کھل گئی، یہ دل کی کلی

من کی گلی میں ہے کھلبلی

کہ ان کو تو بلاؤ، ہو ہو ہو۔۔۔

کھویا کھویا چاند

کھویا کھویا چاند

تارے چلے، نظارے چلے

تارے چلے، نظارے چلے

سنگ سنگ میرے وہ سارے چلے

چاروں طرف اشارے چلے

کسی کے تو ہو جاؤ، ہو ہو ہو۔۔۔

کھویا کھویا چاند

کھویا کھویا چاند

ایسی ہی رات، بھیگی سی رات

ایسی ہی رات، بھیگی سی رات

ہاتھوں میں ہاتھ، ہوتے وہ ساتھ

کہہ لیتے ان سے دل کی یہ بات

اب تو نہ ستاؤ، ہوہوہو۔۔۔

کھویا کھویا چاند

کھویا کھویا چاند

ہم مٹ چلے، جن کے لئے

ہم مٹ چلے، جن کے لئے

بن کچھ کہے، وہ چپ چپ رہے

کوئی ذرا یہ ان سے کہے

نہ ایسے آزماؤ، ہوہوہو۔۔۔

کھویا کھویا چاند

کھویا کھویا چاند

آنکھوں میں ساری رات جائے گی

تم کو بھی کیسے نیند آئے گی، ہو

کھویا کھویا چاند

***

آوازیں : محمد رفیع، گیتا دت

گیتا : رم جھم کے ترانے لے کے آئی برسات

رفیع : یاد آئے کسی سے وہ پہلی ملاقات

یاد آئے کسی سے وہ پہلی ملاقات

گیتا : رم جھم کے ترانے لے کے آئی برسات

گیتا : بھیگے تن من پڑے رس کی پھوار

رفیع : پیار کا سندیسا لائی برکھا بہار

پیار کا سندیسا لائی برکھا بہار

گیتا : میں نا بولوں، میں نا بولوں آنکھیں کریں انکھیوں سے بات

رفیع : رم جھم کے ترانے لے کے آئی برسات

رفیع : سن کے متوالے کالے بادلوں کا شور

سن کے متوالے کالے بادلوں کا شور

گیتا : روم جھوم گھوم گھوم ناچے من کا مور

روم جھوم گھوم گھوم ناچے من کا مور

رفیع : سپنوں کا ساتھی چل رہا میرے ساتھ

گیتا : رم جھم کے ترانے لے کے آئی برسات

رفیع : یاد آئے کسی سے وہ پہلی ملاقات

دونوں : رم جھم کے ترانے لے کے آئی برسات

گیتا : جب ملتے ہو تم تو چھوٹیں دل کے تار

رفیع :ملنے کو تم سے میں کیوں تھا بے قرار

گیتا : جب ملتے ہو تم تو چھوٹیں دل کے تار

رفیع :ملنے کو تم سے میں کیوں تھا بے قرار

گیتا : رہ جاتی ہے ، رہ جاتی ہے کیوں ہونٹوں تک آ کے دل کی بات

رفیع : رم جھم کے ترانے لے کے آئی برسات

گیتا : یاد آئے کسی سے وہ پہلی ملاقات

دونوں : رم جھم کے ترانے لے کے آئی برسات !

***

فلم : کنہیا

آواز : مکیش

مجھے تم سے کچھ بھی نہ چاہیئے مجھے میرے حال پہ چھوڑ دو

مجھے میرے حال پہ چھوڑ دو

مجھے تم سے کچھ بھی نہ چاہیئے

میرا دل اگر کوئی دل نہ تھا اسے میرے سامنے توڑ دو

اسے میرے سامنے توڑ دو

مجھے تم سے کچھ بھی نہ چاہیئے

میں یہ بھول جاؤں گا زندگی کبھی مسکرائی تھی پیار میں

میں یہ بھول جاؤں گا میرا دل کبھی کھل اٹھا تھا بہار میں

جنہیں اس جہاں نے بھلا دیا مرا نام ان میں ہی جوڑ دو

مرا نام ان میں ہی جوڑ دو

مجھے تم سے کچھ بھی نہ چاہیئے

تمہیں اپنا کہنے کی چاہ میں کبھی ہو سکے نہ کسی کے ہم

یہی درد میرے جگر میں ہے مجھے مار ڈالے گا بس یہ غم

میں وہ گل ہوں، جو نہ کھلا کبھی مجھے کیوں نہ شاخ سے توڑ دو

مجھے کیوں نہ شاخ سے توڑ دو

مجھے تم سے کچھ بھی نہ چاہیئے

***

فلم : مدھومتی

موسیقار : سلیل چودھری
آواز : لتا منگیشکر

آجارے پردیسی

میں توکب سے کھڑی اس پار

یہ انکھیاں، تھک گئیں پنتھ نہار

آجارے، پردیسی

تم سنگ جنم جنم کے پھیرے

بھول گئے کیوں ساجن میرے

تم سنگ جنم جنم کے پھیرے

بھول گئے کیوں ساجن میرے

تڑپت ہوں، میں سانجھ سویرے، ہو۔۔۔

آجارے، پردیسی

میں توکب سے کھڑی اس پار۔۔۔

یہ انکھیاں، تھک گئی پنتھ نہار

آجارے، پردیسی

میں ندیا پھر بھی میں پیاسی

بھید یہ گہرا بات ذرا سی

میں ندیا پھر بھی میں پیاسی

بھید یہ گہرا بات ذرا سی

بن تیرے ہر رات اداسی، ہو۔۔۔

آجارے، پردیسی

میں توکب سے کھڑی اس پار۔۔۔

یہ انکھیاں، تھک گئیں پنتھ نہار

آجا رے، پردیسی

میں دئیے کی ایسی باتی

جل نہ سکی جو بجھ بھی نہ پاتی

آمل میرے جیون ساتھی، ہو۔۔۔

آجا رے، میں توکب سے کھڑی اس پار۔۔

یہ انکھیاں، تھک گئی پنتھ نہار

آجا رے، پردیسی

***

آواز: لتا منگیشکر، مکیش

مکیش: دل تڑپ تڑپ کے کہہ رہا ہے آ بھی جا

تو ہم سے آنکھ نہ چرا، تجھے قسم ہے آ بھی جا

دل تڑپ تڑپ کے کہہ رہا ہے آ بھی جا

تو ہم سے آنکھ نہ چرا، تجھے قسم ہے آ بھی جا

تو نہیں تو یہ بہار کیا بہار ہے

گل نہیں کھلے تو تیرا انتظار ہے

تو نہیں تو یہ بہار کیا بہار ہے

گل نہیں کھلے تو تیرا انتظار ہے

کہ تیرا انتظار ہے

کہ تیرا انتظار ہے

دل تڑپ تڑپ کے کہہ رہا ہے آ بھی جا

تو ہم سے آنکھ نہ چرا، تجھے قسم ہے آ بھی جا

دل تڑپ تڑپ کے کہہ رہا ہے آ بھی جا

لتا : آ آ

دل دھڑک دھڑک کے دے رہا ہے یہ صدا

تمہاری ہو چکی ہوں میں

تمہارے ساتھ ہوں سدا

دل دھڑک دھڑک کے دے رہا ہے یہ صدا

تمہاری ہو چکی ہوں میں

تمہارے ساتھ ہوں سدا

تم سے میری زندگی کا یہ سنگھار ہے

جی رہی ہوں ، میں کہ مجھ کو تم سے پیار ہے

تم سے میری زندگی کا یہ سنگھار ہے

جی رہی ہوں ، میں کہ مجھ کو تم سے پیار ہے

کہ مجھ کو تم سے پیار ہے

کہ مجھ کو تم سے پیار ہے

مکیش : دل تڑپ تڑپ کے کہہ رہا ہے آ بھی جا

تو ہم سے آنکھ نہ چرا، تجھے قسم ہے آ بھی جا

مسکراتے پیار کا اثر ہے ہر کہیں

دل کہاں ہے ہم کدھر ہیں کچھ خبر نہیں

مسکراتے پیار کا اثر ہے ہر کہیں

دل کہاں ہے ہم کدھر ہیں کچھ خبر نہیں

کدھر ہیں کچھ خبر نہیں

کدھر ہیں کچھ خبر نہیں

دل تڑپ تڑپ کے کہہ رہا ہے آ بھی جا

تو ہم سے آنکھ نہ چرا، تجھے قسم ہے آ بھی جا

***

آواز : مبارک بیگم

تمہارا دل مرے دل کے برابر ہو نہیں سکتا

آں۔۔آں۔۔۔۔

تمہارا دل مرے دل کے برابر ہو نہیں سکتا

وہ شیشہ ہو نہیں سکتا یہ پتھر ہو نہیں سکتا

ہم حال دل سنائیں گے سنئے کہ نہ سنئے

ہم حال دل سنائیں گے سنئے کہ نہ سنئے

ہم حال دل سنائیں گے

سنئے کہ نہ سنئے

سنئے کہ نہ سنئے

ہم حال دل سنائیں گے۔۔۔

رہے گا عشق ترا خاک میں ملا کے مجھے

ہوئے ہیں ابتدا میں رنج انتہا کے مجھے

ہم حال دل سنائیں گے۔۔۔

سنئے کہ نہ سنئے

ہم حال دل سنائیں گے۔۔۔

سنئے کہ نہ سنئے

سنئے کہ نہ سنئے

ہم حال دل سنائیں گے۔۔۔

عجب ہے آہ مری نام سے رہے گا میرا

تمام شہر جلا دو گے کیا جلا کے مجھے

ہم حال دل سنائیں گے۔۔۔

سنئے کہ نہ سنئے

ہم حال دل سنائیں گے۔۔۔

سنئے کہ نہ سنئے

سنئے کہ نہ سنئے

ہم حال دل سنائیں گے

***

آواز: مکیش

سہانا سفر اور یہ موسم حسیں

سہانا سفر اور یہ موسم حسیں

ہمیں ڈر ہے ہم کھو نہ جائیں کہیں

سہانا سفر اور یہ موسم حسیں

سہانا سفر اور یہ موسم حسیں

یہ کون ہنستا ہے پھولوں میں چھپ کر

بہار بے چین ہے کس کی دھن پر

یہ کون ہنستا ہے پھولوں میں چھپ کر

بہار بے چین ہے کس کی دھن پر

کہیں گم گم، کہیں رم جھم، کہ جیسے ناچے زمیں

سہانا سفر اور یہ موسم حسیں

سہانا سفر اور یہ موسم حسیں

یہ گوری ندیوں کا چلنا اچھل کر

کہ جیسے الھڑ چلے پی سے مل کر

یہ گوری ندیوں کا چلنا اچھل کر

کہ جیسے الھڑ چلے پی سے مل کر

پیارے پیارے یہ نظارے نکھرے ہیں ہر کہیں

سہانا سفر اور یہ موسم حسیں

سہانا سفر اور یہ موسم حسیں

ہو ہو ہو۔۔۔

وہ آسماں جھک رہا ہے زمیں پر

یہ ملن ہم نے دیکھا یہیں پر

وہ آسماں جھک رہا ہے زمیں پر

یہ ملن ہم نے دیکھا یہیں پر

مری دنیا، مرے سپنے ملیں گے شاید یہیں

سہانا سفر اور یہ موسم حسیں

سہانا سفر اور یہ موسم حسیں

ہمیں ڈر ہے ہم کھو نہ جائیں کہیں

سہانا سفر اور یہ موسم حسیں

***

آواز: محمد رفیع

ٹوٹے ہوئے خوابوں نے ہم کو یہ سکھایا ہے

دل نے، دل نے جسے پایا تھا، آنکھوں نے گنوایا ہے

ٹوٹے ہوئے خوابوں نے

ہم ڈھونڈھتے ہیں ان کو جو مل کے نہیں ملتے

ہم ڈھونڈھتے ہیں ان کو جو مل کے نہیں ملتے روٹھے ہیں نہ جانے کیوں، مہمان میرے دل کے

مہمان میرے دل کے

کیا اپنی تمنا تھی کیا سامنے آیا ہے

دل نے، دل نے جسے پایا تھا، آنکھوں نے گنوایا ہے

ٹوٹے ہوئے خوابوں نے

لوٹ آئی صدا میری ٹکرا کے ستاروں سے

لوٹ آئی صدا میری ٹکرا کے ستاروں سے

اجڑی ہوئی دنیا کے ، سنسان کناروں سے

سنسان کناروں سے

پر اب یہ تڑپنا بھی کچھ کام نہ آیا ہے

دل نے ، دل نے جسے پایا تھا ، آنکھوں نے گنوایا ہے

ٹوٹے ہوئے خوابوں نے ہم کو یہ سکھایا ہے

دل نے ، دل نے جسے پایا تھا ، آنکھوں نے گنوایا ہے

ٹوٹے ہوئے خوابوں نے

***

فلم : میں نشے میں ہوں

آواز : مکیش

زاہد شراب پینے دے مسجد میں بیٹھ کر

یا وہ جگہ بتا دے جہاں پر خدا نہ ہو

ہو۔۔۔

مجھ کو یارو معاف کرنا میں نشہ میں ہوں،

اب تو ممکن ہے بہکنا میں نشہ میں ہوں،

مجھ کو یارو معاف کرنا میں نشہ میں ہوں

کل کی رات مٹ رہی ہے درد بھی ہے کم

اب ذرا آرام سے آجا رہا ہے دم

ارے آجا رہا ہے دم

کم ہے اب دل کا تڑپنا میں نشہ میں ہوں،

اب تو ممکن ہے بہکنا میں نشہ میں ہوں،

مجھ کو یارو معاف کرنا میں نشہ میں ہوں

ڈھل چکی ہے رات اب تو اٹھ گئی محفل

میں کہاں جاؤں نہیں کوئی میری منزل

نہیں کوئی میری منزل

دو قدم مشکل ہے چلنا میں نشہ میں ہوں،

اب تو ممکن ہے بہکنا میں نشہ میں ہوں،

مجھ کو یارو معاف کرنا میں نشہ میں ہوں

ہے ذرا سی بات اور چھلکے ہے پیالے

پر نہ جانے کیا کہیں گے یہ جہاں والے

تم بس اتنا یاد رکھنا میں نشہ میں ہوں،

اب تو ممکن ہے بہکنا میں نشہ میں ہوں،

مجھ کو یارو معاف کرنا میں نشہ میں ہوں

***

فلم : معصوم

موسیقار : ہیمنت کمار

آواز : رانو مکھرجی

نانی تیری مورنی کو مور لے گئے

باقی جو بچا تھا کالے چور لے گئے

نانی تیری مورنی کو مور لے گئے

باقی جو بچا تھا کالے چور لے گئے

کھا کے پی کے موٹے ہو کے چور بیٹھے ریل میں

چوروں والا ڈبہ کٹ کر پہنچا سیدھے جیل میں

کھا کے پی کے موٹے ہو کے چور بیٹھے ریل میں

چوروں والا ڈبہ کٹ کر پہنچا سیدھے جیل میں

نانی تیری مورنی کو مور لے گئے

باقی جو بچا تھا کالے چور لے گئے

ان چوروں کی خوب خبر لی موٹے تھانیدار نے

موروں کو بھی خوب نچایا، جنگل کی سرکار نے

ان چوروں کی خوب خبر لی موٹے تھانیدار نے

موروں کو بھی خوب نچایا، جنگل کی سرکار نے

نانی تیری مورنی کو مور لے گئے

باقی جو بچا تھا کالے چور لے گئے

اچھی نانی پیاری نانی روسا روسی چھوڑ دے

جلدی سے ایک پیسہ دے دے، تو کنجوسی چھوڑ دے

اچھی نانی پیاری نانی روسا روسی چھوڑ دے

جلدی سے ایک پیسہ دے دے، تو کنجوسی چھوڑ دے

نانی تیری مورنی کو مور لے گئے

باقی جو بچا تھا کالے چور لے گئے

***

فلم : نوکری

موسیقار : ہیمنت کمار

آواز : کشور کمار، آشا بھونسلے

چھوٹا سا گھر ہوگا بادلوں کی چھاؤں میں

آشا دیوانی من میں بنسری بجائے

ہم ہی ہم چمکیں گے تاروں کے اس گاؤں میں

آنکھوں کی روشنی ہر دم یہ سمجھائے

چھوٹا سا گھر ہوگا بادلوں کی چھاؤں میں

آشا دیوانی من میں بنسری بجائے

چاندی کی کرسی پہ بیٹھے میری چھوٹی بہنا

سونے کے سنہاسن پہ بیٹھے میری پیاری ماں

میرا کیا میں پڑا رہوں گا امی جی کے پاؤں میں

میرا کیا میں پڑا رہوں گا امی جی کے پاؤں میں

آ آئی رے ، آ آئی رے

آ آئی رے ، آ آئی رے

چھوٹا سا گھر ہو گا بادلوں کی چھاؤں میں

آشا دیوانی من میں بنسری بجائے

میری چھوٹی بہنا نازوں کی پالی شہزادی

جتنی بھی جلی ہو میں کر دوں گا اس کی شادی

اچھا ہے یہ بلا ہماری جائے دوجے گاؤں میں

اچھا ہے یہ بلا ہماری جائے دوجے گاؤں میں

آ آئی رے ، آ آئی رے

آ آئی رے ، آ آئی رے

چھوٹا سا گھر ہوگا بادلوں کی چھاؤں میں

آشا دیوانی من میں بنسری بجائے

کہے گی ماں دلہن لا بیٹا گھر سونا سونا ہے

من میں جھوم کہوں گا میں ماں اتنی جلی کیا ہے ؟

گلی گلی میں تیرے راج دلارے کی چرچا ہے

آخر کوئی تو آئے گا ان نینوں کے گاؤں میں

آخر کوئی تو آئے گا ان نینوں کی گاؤں میں

آشا بیلے : آ آئی رے ، آ آئی رے

آ آئی رے ، آ آئی رے

چھوٹا سا گھر ہوگا بادلوں کی چھاؤں میں

آشا دیوانی من میں بنسری بجائے

***

فلم : پرکھ

موسیقی : سلیل چودھری

آواز : لتا منگیشکر

او سجنا، برکھا بہار آئی

رس کی پھوار لائی، انکھیوں میں پیار لائی

او سجنا، برکھا بہار آئی

رس کی پھوار لائی، انکھیوں میں پیار لائی

او سجنا

تم کو پکارے میرے من کا پپہرا

تم کو پکارے میرے من کا پپہرا

میٹھی میٹھی اگنی میں، جلے مورا جیارا

او سجنا، برکھا بہار آئی

او سجنا۔۔۔

ایسی رم جھم میں او ساجن، پیاسے پیاسے میرے نین

تیرے ہی، خواب میں، کھو گئے

ایسی رم جھم میں او ساجن، پیاسے پیاسے میرے نین

تیرے ہی، خواب میں، کھو گئے

سانولی سلونی گھٹا، جب جب چھائی

سانولی سلونی گھٹا، جب جب چھائی

انکھیوں میں رینا گئی، نندیا نہ آئی

او سجنا، برکھا بہار آئی

او سجنا۔۔۔

***

فلم : پروفیسر

آواز : محمد رفیع، لتا منگیشکر

لتا : میں چلی میں چلی، پیچھے پیچھے جہاں

یہ نہ پوچھو کدھر، یہ نہ پوچھو کہاں

رفیع : سجدے میں حسن کے جھک گیا آسماں

لو شروع ہو گئی پیار کی داستاں

لتا : میں چلی میں چلی

رفیع : جاؤ جہاں کہیں آنکھوں سے دور، دل سے نہ جاؤ گے میرے حضور

جادو فضاؤں کا، چھایا سرور، ایسے میں بہکیں تو کس کا قصور

سجدے میں حسن کے جھک گیا آسماں

لو شروع ہو گئی پیار کی داستاں

لتا : میں چلی میں چلی

لتا : بہکے قدم چاہے بہکے نظر، جائیں گے دل لے کے جائے جدھر

پیار کی راہوں میں پیارا سفر، ہم کھو بھی جائیں تو کیا ہے فکر

میں چلی میں چلی، پیچھے پیچھے جہاں

یہ نہ پوچھو کدھر، یہ نہ پوچھو کہاں

رفیع : سجدے میں حسن کے جھک گیا آسماں

لو شروع ہو گئی پیار کی داستاں

لتا : میں چلی میں چلی

***

فلم : راج ہٹھ

آواز : لتا منگیشکر، مکیش

مکیش : یہ وعدہ کرو چاند کے سامنے

بھلا تو نہ دو گے میرے پیار کو

میرے ہاتھ میں ہاتھ دے دو ذرا

سہارا ملے گا میرے پیار کو

یہ وعدہ کرو چاند کے سامنے

یہ چندا یہ تارے تو چھپ جائیں گے

مگر میری نظروں سے چھپنا نہ تم

لتا : بدل جائے دنیا نہ بدلیں گے ہم

نبھانا ہی ہوگا اس اقرار کو

یہ وعدہ کرو چاند کے سامنے۔۔۔

بھلا تو نہ دو گے میرے پیار کو

یہ وعدہ کرو چاند کے سامنے

مکیش : بہاروں کے سائے میں آ جھوم لیں

بھلا دیں زمانہ کے غم آج تو

زمانہ کے غم سے ہمیں کام کیا

لتا : ہمیں تم ملے اور کیا چاہیئے

ہمیں تم ملے اور کیا چاہیئے

کہ ہم چھوڑ بیٹھے ہیں سنسار کو

دونوں : یہ وعدہ کرو چاند کے سامنے۔۔۔

***

فلم : سنگم

آواز : کشور کمار

دوست دوست نہ رہا پیار پیار نہ رہا

زندگی ہمیں تیرا اعتبار نہ رہا، اعتبار نہ رہا

امانتیں میں پیار کی گیا تھا جس کو سونپ کر

وہ میرے دوست تم ہی تھے

تمہیں تو تھے

جو زندگی کی راہ میں بنے تھے میرے ہمسفر

وہ میرے دوست تم ہی تھے

تمہیں تو تھے

سارے بھید کھل گئے رازدار نہ رہا

زندگی ہمیں تیرا اعتبار نہ رہا، اعتبار نہ رہا

دوست دوست نہ رہا پیار، پیار نہ رہا

سفر کے وقت میں پلک پہ موتیوں کو تولتی

وہ تم نہ تھیں تو کون تھا

تمہیں تو تھیں

نشہ کی رات ڈھل گئی اب خمار نہ رہا

زندگی ہمیں تیرا اعتبار نہ رہا، اعتبار نہ رہا

دوست دوست نہ رہا پیار، پیار نہ رہا

زندگی ہمیں تیرا اعتبار نہ رہا، اعتبار نہ رہا

دوست دوست نہ رہا پیار، پیار نہ رہا

***

آواز : لتا منگیشکر

لتا : او میرے صنم او میرے صنم

دو جسم مگر ایک جان ہیں ہم

ایک دل کے دو ارمان ہیں ہم

او میرے صنم او میرے صنم

تن سونپ دیا، من سونپ دیا کچھ اور تو میرے پاس نہیں

جو تم سے ہے میرے ہمدم بھگوان سے بھی وہ آس نہیں

بھگوان سے بھی وہ آس نہیں

جس دن سے ہوئے ایک دوجے کے

اس دنیا سے انجان ہے ہم

ایک دل کے دو ارمان ہیں ہم

او میرے صنم او میرے صنم

سنتے ہیں پیار کی دنیا میں دو دل مشکل سے سماتے ہیں

کیا غیر وہاں اپنوں تک کے سنگ بھی نہ آنے پاتے ہیں

سنگ بھی نہ آنے پاتے ہیں

ہم نے آخر کیا دیکھ لیا کیا بات ہے کیوں حیران ہیں ہم

ایک دل کے دو ارمان ہیں ہم

او میرے صنم او میرے صنم

میرے اپنے، اپنا یہ ملن سنگم ہے یہ گنگا جمنا کا

جو سچ ہے سامنے آیا ہے جو بیت گیا ایک سپنا تھا

جو بیت گیا ایک سپنا تھا

یہ دھرتی ہے انسانوں کی کچھ اور نہیں انسان ہیں ہم

ایک دل کے دو ارمان ہیں ہم

او میرے صنم او میرے صنم

***

فلم : سیما

آواز : منا ڈے ، ساتھی

تتو پیار کا ساگر ہے

تیری اک بوند کے پیاسے ہم

لوٹا جو دیا تم نے ، چلے جائیں گے جہاں سے ہم

تو پیار کا ساگر ہے

تو پیار کا ساگر ہے ۔ ۔ ۔

گھایل من کا پاگل پنچھی اڑنے کو بے قرار

اڑنے کو بے قرار

پنکھ ہیں کومل ، آنکھ ہے دھندلی ، جانا ہے ساگر پار

جانا ہے ساگر پار

اب تو ہی اسے سمجھا، راہ بھولے تھے کہاں سے ہم

راہ بھولے تھے کہاں سے ہم

تو پیار کا ساگر ہے

تو پیار کا ساگر ہے۔۔۔

ادھر جھومتی گائے زندگی، ادھر ہے موت کھڑی

ادھر ہے موت کھڑی

کوئی کیا جانے کہاں ہے سیما، الجھن آن پڑی

الجھن آن پڑی

کانوں میں ذرا کہہ دے، کہ آئے کون دشا سے ہم

کہ آئے کون دشا سے ہم

تو پیار کا ساگر ہے

تیری اک بوند کے پیاسے ہم

لوٹا جو دیا تم نے، چلے جائیں گے جہاں سے ہم

تو پیار کا ساگر ہے

تو پیار کا ساگر ہے۔۔۔

***

فلم : شری ۴۲۰

آواز : لتا منگیشکر، مکیش

مکیش : پیار ہوا اقرار ہوا ہے

پیار سے پھر کیوں ڈرتا ہے دل

پیار ہوا اقرار ہوا ہے

پیار سے پھر کیوں ڈرتا ہے دل

لتا : کہتا ہے دل، رستا مشکل

معلوم نہیں ہے کہاں منزل

کہتا ہے دل، رستا مشکل

معلوم نہیں ہے کہاں منزل

مکیش : پیار ہوا اقرار ہوا ہے

پیار سے پھر کیوں ڈرتا ہے دل

لتا: کہتا ہے دل، رستا مشکل

معلوم نہیں ہے کہاں منزل

مکیش: پیار ہوا اقرار ہوا ہے

پیار سے پھر کیوں ڈرتا ہے دل

(ساتھ ہی لتا: آآآ)

مکیش: دل چاہے اس مانگ کو، میں تاروں سے سنوار دوں

تم سے نیا سنسار لوں، تم کو نیا سنسار دوں

چاند اور سورج، دیپ گگن کے

اس دھرتی پہ اتار دوں

آہاہا آہاہا، آ۔۔۔

پیار ہوا اقرار ہوا۔۔۔

لتا : راتوں دسوں دشاؤں سے ، کہیں گی اپنی کہانیاں

مکیش : پریت ہمارے پیار کی ، دوہرائیں گی جوانیاں

لتا : میں نہ رہوں گی ، تم نہ رہو گے

پھر بھی رہیں گی نشانیاں

آہاہاآہاہا ، آ۔۔۔

دونوں : پیار ہوا اقرار ہوا ہے

پیار سے پھر کیوں ڈرتا ہے دل

کہتا ہے دل ، رستا مشکل

معلوم نہیں ہے کہاں منزل

پیار ہوا اقرار ہوا ہے

پیار سے پھر کیوں ڈرتا ہے دل

***

فلم : تیسری قسم

آواز : مکیش

سجن رے جھوٹ مت بولو، خدا کے پاس جانا ہے

نہ ہاتھی ہے نا گھوڑا ہے، وہاں پیدل ہی جانا ہے

سجن رے جھوٹ مت بولو، خدا کے پاس جانا ہے

تمہارے محل چوبارے، یہیں رہ جائیں گے سارے

تمہارے محل چوبارے، یہیں رہ جائیں گے سارے اکڑ کس بات کی پیارے

اکڑ کس بات کی پیارے، یہ سر پھر بھی جھکانا ہے

سجن رے جھوٹ مت بولو، خدا کے پاس جانا ہے

بھلا کیجے بھلا ہوگا، برا کیجے برا ہوگا

بھلا کیجے بھلا ہو گا، برا کیجے برا ہو گا

بہی لکھ لکھ کے کیا ہو گا

بہی لکھ لکھ کے کیا ہو گا، یہیں سب کچھ چکانا ہے

سجن رے جھوٹ مت بولو، خدا کے پاس جانا ہے

لڑکپن کھیل میں کھویا، جوانی نیند بھر سویا

لڑکپن کھیل میں کھویا، جوانی نیند بھر سویا

بڑھاپا دیکھ کر رویا

بڑھاپا دیکھ کر رویا، وہی قصہ پرانا ہے

سجن رے جھوٹ مت بولو، خدا کے پاس جانا ہے

نہ ہاتھی ہے نا گھوڑا ہے، وہاں پیدل ہی جانا ہے

سجن رے جھوٹ مت بولو، خدا کے پاس جانا ہے

***

فلم : اجالا

آواز : منا ڈے، کورس

کورس : اب کہاں جائیں ہم یہ بتا اے زمیں

اس جہاں میں تو کوئی ہمارا نہیں

اس جہاں میں تو کوئی ہمارا نہیں

منا ڈے : اپنے سائے سے بھی لوگ ڈرنے لگے

اب کسی کو کسی پر بھروسہ نہیں

اب کسی کو کسی پر بھروسہ نہیں

اب کہاں جائیں ہم

منا ڈے : ہم گھر گھر جاتے ہیں یہ دل دکھلاتے ہیں

پر یہ دنیا والے ہم کو ٹھکراتے ہیں

ہم گھر گھر جاتے ہیں یہ دل دکھلاتے ہیں

پر یہ دنیا والے ہم کو ٹھکراتے ہیں

راستے مٹ گئے منزلیں کھو گئیں

اب کسی کو کسی پر بھروسہ نہیں

اب کہاں جائیں ہم

نفرت ہے نگاہوں میں وحشت ہے نگاہوں میں

یہ کیسا زہر پھیلا دنیا کی ہواؤں میں

نفرت ہے نگاہوں میں وحشت ہے نگاہوں میں

یہ کیسا زہر پھیلا دنیا کی ہواؤں میں

پیار کی بستیاں خاک ہونے لگیں

اب کسی کو کسی پر بھروسہ نہیں

اب کہاں جائیں ہم

ہر سانس ہے مشکل کی ہر جان ہے اک موتی

بازار میں پر ان کی گنتی ہی نہیں ہوتی

ہر سانس ہے مشکل کی ہر جان ہے اک موتی

بازار میں پر ان کی گنتی ہی نہیں ہوتی

زندگی کی یہاں کوئی قیمت نہیں

اب کسی کو کسی پر بھروسہ نہیں

اب کسی کو کسی پر بھروسہ نہیں

اب کہاں جائیں ہم یہ بتا اے زمیں

اس جہاں میں تو کوئی ہمارا نہیں

اس جہاں میں تو کوئی ہمارا نہیں

اب کہاں جائیں ہم

***

فلم : اس نے کہا تھا

موسیقار : سلیل چودھری

آوازیں : طلعت محمود، لتا منگیشکر

طلعت : آہا رم جھم کے یہ پیارے پیارے گیت لئے

آئی رات سہانی دیکھو پریت لئے

میت میرے سنو ذرا ہوا کہے کیا، آ۔۔۔

سنو تو ذرا، جھینگر بولے چی کی می کی چک

آہا رم جھم کے یہ پیارے پیارے گیت لئے

لتا : آہا رم جھم کے یہ پیارے پیارے گیت لئے

آئی رات سہانی دیکھو پریت لئے

میت میرے سنو ذرا ہوا کہے کیا، آ۔۔۔

سنو تو ذرا، جھینگر بولے چی کی می کی چک

آہا رم جھم کے یہ پیارے پیارے گیت لئے

طلعت : کھوئی سی بھیگی بھیگی رات جھومے

آنکھوں میں سپنوں کی بارات جھومے

کھوئی سی بھیگی بھیگی رات جھومے

آنکھوں میں سپنوں کی بارات جھومے

دل کی یہ دنیا آج بادلوں کے ساتھ جھومے

آہا رم جھم کے یہ پیارے پیارے گیت لئے

آئی رات سہانی دیکھو پریت لئے

میت میرے سنو ذرا ہوا کہے کیا، آ۔۔۔

سنو تو ذرا، جھینگر بولے چی کی می کی چک

آہا رم جھم کے یہ پیارے پیارے گیت لئے

لتا : آجاؤ دل میں بسالوں تمہیں

نینوں کا کجرا بنالوں تمہیں

آجاؤ دل میں بسالوں تمہیں

نینوں کا کجرا بنالوں تمہیں

ظالم زمانہ کی نگاہوں سے چھپالوں تمہیں

آہا رم جھم کے یہ پیارے پیارے گیت لئے

آئی رات سہانی دیکھو پریت لئے

میت میرے سنو ذرا ہوا کہے کیا، آ۔۔۔

سنو تو ذرا، جھینگر بولے چی کی می کی چک

آہا رم جھم کے یہ پیارے پیارے گیت لئے

طلعت : ہاتھ۔ میں تیرے میرا ہاتھ رہے

دل سے جو نکلی ہے وہ بات رہے

ہاتھ۔ میں تیرے میرا ہاتھ رہے

دل سے جو نکلی ہے وہ بات رہے

میرا تمہارا ساری زندگی کا ساتھ رہے

آہا رم جھم کے یہ پیارے پیارے گیت لئے

آئی رات سہانی دیکھو پریت لئے

میت میرے سنو ذرا ہوا کہے کیا، آ۔۔۔

سنو تو ذرا، جھینگر بولے چی کی می کی چک

آہا رم جھم کے یہ پیارے پیارے گیت لئے

***

فلم : یہودی
آواز : لتا منگیشکر

آتے جاتے پہلو میں آیا کوئی

میرے دل بتلا نہ چھپا

آج سے میں تجھے دل کہوں یا دلربا

آتے جاتے پہلو میں آیا کوئی

آتے جاتے

تیری سنوں اور سنتی رہوں

میں اپنی تڑپ چھپا لوں

پھر بھی کہاں تک صبر کروں

میں خود کو کتنا سنبھالوں

آتے جاتے پہلو میں آیا کوئی

آتے جاتے

مست نظر تو نے یہ کیا کیا

لیا یہ کون سا بدلا

ہے یہ شراب نظر کا اثر

کہ مجھے دل بھی نہ سنبھلا

آتے جاتے پہلو میں آیا کوئی

آتے جاتے

تیرا تصور تیرا ہی غم

لبوں پہ اب تیرا ترانہ

نیند سے بھی اب کہتی ہوں میں

تو ان کو خواب میں لانا

آتے جاتے پہلو میں آیا کوئی

آتے جاتے

***

فلم : عاشق

آوازیں : لتا منگیشکر، مکیش

مکیش : مہتاب تیرا چہرہ کس خواب میں دیکھا تھا

اے حسن ذرا بتلا، تو کون میں کون ہوں

لتا : خوابوں میں ملے اکثر، اک راہ چلے مل کر

پھر بھی ہے یہی بہتر، مت پوچھ میں کون ہوں

مکیش : مہتاب تیرا چہرہ کس خواب میں دیکھا تھا

اے حسن ذرا بتلا، تو کون میں کون ہوں

مکیش : کیوں گھری گھٹا تو ہی بتا

کیوں ہنسی فضا تو ہی بتا

پھول کیوں کھلا تو ہی بتا

لتا : اس راہ پہ چلنا ہے

اس گام پہ رکنا ہے

اس کام کو کرنا ہے

بتلا کہ میں کون ہوں

مکیش : مہتاب تیرا چہرہ کس خواب میں دیکھا تھا

اے حسن ذرا بتلا، تو کون میں کون ہوں

لتا : زندگی کو تو گیت بنا

دل کے ساز پہ جھوم کے گا

اس جہاں کو تو پیار سکھا

مکیش : مہتاب تیرا چہرہ کس خواب میں دیکھا تھا

اے حسن ذرا بتلا، تو کون میں کون ہوں

***

فلم : امانت

موسیقار : سلیل چودھری

آواز : گیتا دت

بانکی ادائیں دیکھنا جی دیکھنا، دل نہ چرائیں دیکھنا جی

بانکی ادائیں دیکھنا جی دیکھنا، دل نہ چرائیں دیکھنا جی

کہنے کو بھولی نظر ہے، میٹھا میٹھا یہ زہر ہے

کہنے کو بھولی نظر ہے، میٹھا میٹھا یہ زہر ہے

دھوکا نہ کھانا، دل نہ گنوانا

دھوکا نہ کھانا، دل نہ گنوانا

دیکھو جی رہنا بچ کے بچ کے

بانکی ادائیں دیکھنا جی دیکھنا، دل نہ چرائیں دیکھنا جی

روپ کو دھوپ دکھانے سے، آتا ہے چور بلانے سے

دل کا خزانا، یوں نہ لٹانا

دل کا خزانا، یوں نہ لٹانا

دیکھو جی رہنا بچ کے بچ کے

بانکی ادائیں دیکھنا جی دیکھنا، دل نہ چرائیں دیکھنا جی

جو نہ مانو گے میری بات کو، تارے گنو گے آدھی رات کو

یہ انجانا، روگ پرانا

یہ انجانا، روگ پرانا

دیکھو جی رہنا بچ کے بچ کے

بانکی ادائیں دیکھنا جی دیکھنا، دل نہ چرائیں دیکھنا جی

***

فلم : بندنی

موسیقار : سچن دیو برمن

آوازیں : آشا بھوسلے

اب کے برس بھیج بھیا کو بابل

ساون میں لیجو بلائے رے

لوٹیں گی جب میرے بچپن کی سکھیاں

دیجو سندیشا بھلائے رے

اب کے برس بھیج بھیا کو بابل

ساون میں لیجو بلائے رے

امبوا تلے پھر سے جھولے پڑیں گے

رم جھم پڑیں گی پھواریں

لوٹیں گی پھر تیرے آنگن میں بابل

ساون کی ٹھنڈی بہاریں

چھلکے نین مورا کس کے رے جیارا

بچپن کی جب یاد آئے رے

اب کے برس بھیج بھیا کو بابل

ساون میں لیجو بلائے رے

بیرن جوانی نے چھینے کھلونے.

اور میری گڑیا چرائی

بابل کی میں تیرے نازوں کی پالی

پھر کیوں ہوئی میں پرائی

بیتے رے جگ کوئی چٹھیا نہ پاتی

نہ کوئی نیہر سے آئے رے

اب کے برس بھیج بھیا کو بابل

ساون میں لیجو بلائے رے

***

آواز : سچن دیو برمن

او رے مانجھی او رے مانجھی او۔ ۔ ۔ میرے ماجھی

میرے ساجن ہیں اس پار، میں من مار، ہوں اس پار

او میرے مانجھی !اب کی بار، لے چل پار، لے چل پار

میرے ساجن ہیں اس پار، میں من مار، ہوں اس پار

او میرے مانجھی !اب کی بار، لے چل پار، لے چل پار

میرے ساجن ہیں اس پار

ہو۔ ۔ ۔ من کی کتاب سے تم مرا نام ہی مٹا دینا

گن تو نہ تھا کوئی بھی، او گن مرے بھلا دینا

من کی کتاب سے تم مرا نام ہی مٹا دینا

گن تو نہ تھا کوئی بھی، او گن مرے بھلا دینا

مجھے آج کی بدا کا۔۔۔آ۔۔۔۔

مجھے آج کی بدا کا مر کے بھی رہتا انتظار

میرے ساجن ہیں اس پار، میں من مار، ہوں اس پار

او میرے مانجھی! اب کی بار، لے چل پار، لے چل پار

میرے ساجن ہیں اس پار

مت کھیل جل جائے گی، کہتی ہے آگ میرے من کی

مت کھیل۔۔۔

مت کھیل جل جائے گی، کہتی ہے آگ میرے من کی

من کی۔۔۔۔ من کی۔۔۔

میں بندنی پیا کی چر سنگنی ہوں، ساجن کی

میرا کھینچتی ہے آنچل۔۔۔

میرا کھینچتی ہے آنچل من میت تیری ہر پکار

میرے ساجن ہیں اس پار

اورے مانجھی اورے مانجھی اوو میرے مانجھی

***

فلم : انہونی

موسیقار : روشن

آوازیں : طلعت محمود، لتا منگیشکر

طلعت : مرے دل کی دھڑکن کیا بولے ؟

لتا : کیا بولے ؟

طلعت : مرے دل کی دھڑکن کیا بولے ؟

لتا : کیا بولے ؟

میں جانوں اور تو جانے

میں جانوں اور تو جانے

لتا : مرا پیار بھرا من کیوں ڈولے ؟

طلعت : کیوں ڈولے ؟

لتا : میں جانوں اور تو جانے

میں جانوں اور تو جانے

میں جانوں اور تو جانے

لتا : چلی گئی رات مد بھری ہواؤں کے ڈولے پہ ہو کے سوار

دے گئی چاندکی پری نگاہوں کو سپنوں کا پاگل خمار

ہمیں کس نے دئیے یہ نذرانے

طلعت : کون جانے

لتا : میں جانوں اور تو جانے۔۔۔

میں جانوں اور تو جانے

لتا : مہکی تھی رات کی رانی کھلے تھے گگن میں چمیلی کے پھول

طلعت : پوچھا میں نے کان میں تم سے محبت ہے کیسی مزیدار بھول

لتا : میں سن کے لگی کیوں شرمانے ؟

طلعت : کون جانے

لتا : میں جانوں اور تو جانے۔۔۔

میں جانوں اور تو جانے

طلعت : مرے دل کی دھڑکن کیا بولے ؟

لتا : کیا بولے ؟

میں جانوں اور تو جانے

میں جانوں اور تو جانے

***

فلم : دل ایک مندر

آواز : سمن کلیان پور

جوہی کی کلی میری لاڈلی

نازوں کی پلی میری لاڈلی

او آس کرن جگ جگ تو جیئے

ننھی سی پری میری لاڈلی ، او میری لاڈلی

جوہی کی کلی میری لاڈلی

نازوں کی پلی میری لاڈلی

دھرتی پہ اتر آیا چندا تیرا چہرہ بنا

چمپا کا سلونا گلدستہ تن تیرا بنا ، او میری لاڈلی

کومل تتلی میری لاڈلی

ہیرے کی کنی میری لاڈلی، او آس کرن جگ جگ تو جئے

ننھی سی پری میری لاڈلی، او میری لاڈلی

شرمائے دیوالی تاروں کی تیرے نینوں سے

کوئل نے چرائی ہے پنچم تیرے بینوں سے، او میری لاڈلی

گڑیا سی ڈھلی میری لاڈلی

موہے لاگے بھلی میری لاڈلی، او آس کرن جگ جگ تو جئے

ننھی سی پری میری لاڈلی، او میری لاڈلی

جوہی کی کلی میری لاڈلی

نازوں کی پلی میری لاڈلی

ہر بول تیرا سکھلائے ہمیں دکھ سے لڑنا

مسکان تیری کہتی ہے سدا دھیرج دھرنا، او میری لاڈلی

گنگا کی لہر میری لاڈلی

چنچل ساگر میری لاڈلی، او آس کرن جگ جگ تو جیئے

ننھی سی پری میری لاڈلی، او میری لاڈلی

جوہی کی کلی میری لاڈلی

نازوں کی پلی میری لاڈلی

***

آواز: لتا منگیشکر

رک جا رات ٹھہر جا رے چندا بیتے نہ ملن کی بیلا

آج چاندنی کی نگری میں ارمانوں کا میلہ

رک جا رات ٹھہر جا رے چندا بیتے نہ ملن کی بیلا

آج چاندنی کی نگری میں ارمانوں کا میلہ

رک جا رات ٹھہر جا رے چندا

پہلے ملن کی یادیں لے کر آئی ہے یہ رات سہانی

پہلے ملن کی یادیں لے کر آئی ہے یہ رات سہانی

دہراتے ہیں چاند ستارے میری تمہاری پریم کہانی

میری تمہاری پریم کہانی

رک جا رات ٹھہر جا رے چندا

بیتے نہ ملن کی بیلا

آج چاندنی کی نگری میں ارمانوں کا میلہ

رک جا رات ٹھہر جا رے چندا

کل کا ڈر نا کال کی چنتا دو تن ہے من ایک ہمارے

جیون سیما کے آگے بھی آؤں گی میں سنگ تمہارے

آؤں گی میں سنگ تمہارے

رک جا رات ٹھہر جا رے چندا

بیتے نہ ملن کی بیلا

آج چاندنی کی نگری میں ارمانوں کا میلہ

رک جا رات ٹھہر جا رے چندا

***